自闭谱系障碍儿童早期干预丛书

自闭症儿童家长辅导手册

主　编　雷江华　万　颖

图书在版编目(CIP)数据

自闭症儿童家长辅导手册/雷江华,万颖主编.—北京:北京大学出版社,2015.6
(自闭谱系障碍儿童早期干预丛书)
ISBN 978-7-301-25890-3

Ⅰ.①自… Ⅱ.①雷… ②万… Ⅲ.①缄默症—儿童教育—特殊教育—家庭教育—手册 Ⅳ.① G760-62

中国版本图书馆 CIP 数据核字(2015)第 113157 号

书　　名	自闭症儿童家长辅导手册
	ZIBIZHENG ERTONG JIAZHANG FUDAO SHOUCE
著作责任者	雷江华　万　颖　主编
责任编辑	李淑方
标准书号	ISBN 978-7-301-25890-3
出版发行	北京大学出版社
地　　址	北京市海淀区成府路 205 号　100871
网　　址	http://www.pup.cn　新浪微博:@北京大学出版社
微信公众号	通识书苑(微信号:sartspku)　科学元典(微信号:kexueyuandian)
电子邮箱	编辑部 jyzx@pup.cn　总编室 zpup@pup.cn
电　　话	邮购部 010-62752015　发行部 010-62750672　编辑部 010-62757857
印刷者	北京虎彩文化传播有限公司
经销者	新华书店
	720 毫米 ×1020 毫米　16 开本　10.75 印张　200 千字
	2015 年 6 月第 1 版　2024 年 12 月第 3 次印刷
定　　价	49.00 元

未经许可,不得以任何方式复制或抄袭本书之部分或全部内容。
版权所有,侵权必究
举报电话:010-62752024　电子邮箱:fd@pup.cn
图书如有印装质量问题,请与出版部联系,电话:010-62756370

主　　编：雷江华　万　颖
副 主 编：孙玉梅　赵梅菊
编写人员：雷江华　万　颖　孙玉梅　赵梅菊
　　　　　熊文娟　杜　林　于　磊　钟安妮
　　　　　覃扬扬　马晓晨

前　言

　　自闭症，又称孤独症，多发生于三岁之前，是一种由于神经系统失调而导致的广泛性发育障碍。随着自闭症由过去的罕见疾病变为普遍的儿童心理发育障碍，该类儿童的康复与发展也逐渐成为人们日益关心的话题。家庭是孩子的第一所学校，父母是孩子的第一任教师，孩子最初的社会经验来源于家庭，儿童的社会发展首先是从家庭开始的。因此家长在自闭症儿童康复的道路上扮演着至关重要的角色，家长是否树立正确的教养观念，是否掌握科学的教养方法将会直接影响自闭症儿童康复质量的高低。作为家长，在依托康复机构、学校对孩子进行教育的同时，自身更应该强大起来，应不断地通过学习和摸索提升自己帮助孩子康复的能力，从而促进孩子持久地发展。

　　本书旨在帮助家长全面了解与自闭症儿童康复有关的知识和技能，全书共分为五章，第一章介绍自闭症的概念、病因、特征等，让家长初识自闭症；第二章介绍简单的观察和诊断方法，让家长发现自闭症；第三章主要介绍亲子心理沟通的方法，让家长读懂自闭症孩子;第四章重点介绍康复训练和潜能开发的方法,让家长成就自闭症孩子。为了方便初次接触自闭症的读者阅读,本书采用文字与插图相结合的方式,深入浅出地讲解了自闭症的知识,而且还通过访谈自闭症家长,为读者提供了丰富的案例信息。但是本书只是提供了概略性的知识,以便让家长能够快速建立起对自闭症儿童的整体性认识,而关于某些具体的教学方法或策略,则需要家长根据本书提供的信息进一步进行了解。

本书由华中师范大学教育学院特殊教育系主任、教育信息技术协同创新中心兼职研究员雷江华教授组织策划,拟订提纲,参与该书编写的人员主要是唐山市"星知光"自闭症培训学校的负责人万颖、华中师范大学教育学院特殊教育系孙玉梅老师、淮北师范大学教育学院杜林老师、北京师范大学教育学部博士研究生赵梅菊老师、中山市特殊教育学校熊文娟老师、湖南常德特殊教育学校钟安妮老师、苏州工业园区仁爱学校马晓晨老师、华中师范大学学生覃扬扬与于磊等。该书在编写过程中得到了华中师范大学"星光"自闭症儿童服务中心家长的大力支持,得到了国家教育科学规划青年基金项目"自闭症谱系障碍儿童家庭支持系统研究(CHA120136)"与中国残疾人联合会2014—2015年度课题"信息化背景下残疾人交流与沟通方式的变革研究(2014&ZZ001)"的资助,在此表示由衷的感谢! 希望该书能够对众多自闭症家庭有所帮助。

目 录

第一章 认识自闭症 …………………………………… 1

  一、什么是自闭症 ………………………………… 3

  二、自闭症发生在何时 …………………………… 4

  三、自闭症究竟有多少 …………………………… 6

  四、自闭症的原因何在 …………………………… 7

    （一）遗传因素 ………………………………… 8

    （二）神经生物学因素 ………………………… 8

    （三）疾病因素 ………………………………… 9

  五、认识你的孩子 ………………………………… 9

    （一）社会交往障碍 …………………………… 9

    （二）交流沟通障碍 …………………………… 10

    （三）行为重复刻板 …………………………… 10

第二章 发现自闭症 …………………………………… 13

  一、日常观察 ……………………………………… 15

二、量表运用 …………………………………… 18

三、仪器诊断 …………………………………… 24

四、发现孩子的闪光点 ………………………… 25

第三章　心会自闭症 …………………………… 29

一、家长的心路历程 …………………………… 32

二、读懂你的孩子 ……………………………… 38

（一）我们的孩子怎么了 …………………… 38

（二）我的世界是这样的 …………………… 39

三、亲子的心理沟通 …………………………… 44

第四章　成就自闭症 …………………………… 61

一、医治自闭症 ………………………………… 63

（一）什么药物可以治愈自闭症 …………… 63

（二）自闭症儿童饮食需要注意什么 ……… 64

（三）自闭症康复治疗的原则 ……………… 65

二、训练自闭症 ………………………………… 65

（一）自闭症无法治疗怎么办 ……………… 65

（二）训练的意义何在 ……………………… 65

（三）训练需要多长时间 …………………… 66

（四）如何开展家庭训练 …………………… 67

三、干预自闭症 ………………………………… 82

（一）感觉统合训练 …………………………………… 83

　　（二）结构化教学(TEACCH) …………………………… 86

　　（三）应用行为分析矫正不良行为 ……………………… 91

　　（四）图片沟通交换系统(PECS) ………………………… 96

　　（五）地板时光(Floor Time) …………………………… 100

　　（六）社会故事法 ……………………………………… 106

四、塑造自闭症 …………………………………………… 112

　　（一）培养孩子兴趣爱好的重要性 ……………………… 112

　　（二）孩子有哪些兴趣爱好 …………………………… 114

　　（三）扩展孩子的兴趣爱好 …………………………… 122

　　（四）教孩子合理安排自己的闲暇时间 ………………… 123

　　（五）防止兴趣爱好的培养走入误区 …………………… 124

五、成就你的孩子 ………………………………………… 126

　　（一）正确的理念——尊重生命,将孩子的"可能性"

　　　　　变成"现实性" ………………………………… 126

　　（二）实现"可能性"——"家庭努力"和"社会努力"

　　　　　两条腿走路 …………………………………… 127

六、成就你的人生 ………………………………………… 141

　　（一）调整人生轨迹,重新定位人生目标 ……………… 141

　　（二）坦然接受苦难,困境中寻找希望 ………………… 142

　　（三）平淡中体味幸福,简单中寻求快乐 ……………… 143

　　（四）"小家"变"大家",用爱构建生存平台 …………… 146

附录　自闭症儿童诊断标准 …………………………………… 152
参考文献 ……………………………………………………………… 156

第一章
认识自闭症

人们把他们亲切地叫作"星星的孩子"，他们既像星星一样漂亮，也像星星一样冷漠，他们的世界无人知晓，他们的行为表现神秘莫测，这群像星星的孩子就是自闭症儿童。他们在亲人的期待中来到这个世界，带给家庭无限的喜悦，但慢慢地，家长逐渐发现自己的孩子与其他的孩子不一样，他们几乎不说话，不喜欢与人打交道，并且总是伴随着一系列的刻板行为。在孩子被确诊为自闭症的同时，整个家庭受到极大的打击，但为了孩子，家长必须振作起来，因为只有及早干预、及早治疗，才能给自闭症儿童创设一个广阔的发展空间。

一、什么是自闭症

自闭症（Autism），又称"孤独症"，是指由于脑部功能发育不全，导致儿童在语言、社会交往、行为表现等多方面出现问题。

自闭症是一种广泛性发育障碍。这里所说的"广泛性"是指自闭症的症状同时表现在多个领域中，如语言能力、认知能力和社交能力等。除自闭症外，广泛性发育障碍还包括另外四种类型。如图1-1所示。[①]

[①] 丹尼尔·P.哈拉汗，詹姆士·M.考夫曼，佩吉·C.普伦.肖非等译.特殊教育导论[M].北京：中国人民大学出版社，2010：392—393.

```
                    广泛性发育障碍
          ┌──────────┬──────────┬──────────┐
      亚斯伯格综合    雷特综合征    儿童崩解症    未分类广泛性发展
      征            起病于婴幼儿期  原已获得的正常生   障碍
      无显著的语言    （通常7~24个  活（如大小便自控  在社交互动、沟通和
      或认知发展障    月），只见于女孩，能力）、社会功能及 交流、固定和重复行
      碍，但具有类似   早期发育正常，  言语功能迅速衰   为等方面缺少一或
      自闭症的社交    随后出现手的技  退，甚至丧失。起病  两方面能力的显著
      和行为障碍。    巧性动作障碍、语 于2~3岁，无明显  障碍，有时症状在3
                  言和交往障碍。  性别差异。       岁后才出现。
```

图1-1　除自闭症外广泛性发育障碍的另外四种类型

二、自闭症发生在何时

> 自闭症是发生于3岁之前的一种障碍类型。

自闭症孩子刚刚出生的时候，外表漂亮，看起来很机灵，我们很难发现他们有何异常。但随着年龄的增长，他们会逐渐出现异常行为，如尖叫、转圈等，这时家长才意识到孩子有问题。自闭症儿童的异常行为往往是比较直观的，家长要密切关注孩子的发展，及早发现，及早干预。

表1-1 自闭症的早期征兆[①]

时间	征兆
6个月	没有大笑或其他温暖快乐的表情
9个月	不会与人分享声音、微笑或其他面部表情
12个月	不会对自己的名字作出一致的回应
	不会咿呀学语
	没有互动性姿势,如指点、展示、够物、挥手或目光转移
16个月	不会说单词
24个月	不会说有意义的双词短语(不会模仿或重复)

一些自闭症儿童大约两岁前(16至24个月)发展依然正常,其后突然在行为举止的发展上出现倒退现象。据估计,约有20%~47%的自闭症儿童会出现这种**自闭症式倒退现象**。[②]

---

① 丹尼尔·P.哈拉汗,詹姆士·M.考夫曼,佩吉·C.普伦.特殊教育导论[M].肖非等译.北京:中国人民大学出版社,2010:393.
② 丹尼尔·P.哈拉汗,詹姆士·M.考夫曼,佩吉·C.普伦.特殊教育导论[M].肖非等译.北京:中国人民大学出版社,2010:393.

三、自闭症究竟有多少

至今关于自闭症患者的数量仍没有大家公认的数据。据联合国2007年估计目前**全球有3500万人患有自闭症**。[①] 而根据国际普遍引用标准，**每166名儿童中有一名患有自闭症，我国自闭症儿童约为164万人**。[②] 自闭症儿童中，男童的患病率明显高于女童，男女比率大约为4∶1—7∶1，但临床观察发现，女童患儿的症状相对于男童患儿往往较重。[③]

表1-2 自闭症儿童的患病率

国家	时间	目标人口数	调查年龄（岁）	患病率（万）	性别比（男∶女）
日本	1988	95394	7	13.8	4.1∶1
	1996	8537	5	21.08	2.6∶1
美国（加州）	2001	4950333	5～12	11.0	4.5∶1
英国	2001	15500	2.5～6.5	16.8	3.3∶1
	2004	10930	4～7	22.0	3.8∶1

摘自 Handbook of Autism and Developmental Disorders（2005, third edition, 46～49）, by Fred R. Volkmar.[④]

[①] 张稚.自闭症：解答一道"无解"的题[J].中国残疾人,2009(05):40.
[②] 王乐.中国自闭症儿童现状分析报告发布——三成家庭负债给患儿做训练[N].文汇报,2012-04-03(3).
[③] 杨晓玲,蔡逸周.解密孤独症[M].北京:华夏出版社,2007:4.
[④] 转引自:杨晓玲,蔡逸周.解密孤独症[M].北京:华夏出版社,2007:3.

> 许多自闭症儿童的家长存有这样的疑问:我的孩子是自闭症天才吗?

自闭症天才只是自闭症患者中的一小部分,他们在社会性和语言技能方面发展迟滞,但在音乐、绘画、计算等特定领域表现非常突出。尽管我们不知道自闭症天才的准确数量,但大约只有10%的自闭症个体是自闭症天才。[①]

四、自闭症的原因何在

> 误区:"冰箱父母"会导致自闭症。冰箱父母是指对孩子缺乏必要的关爱,很少与孩子互动,情感冷漠且反应性差的父母。

自闭症并不是由家长的过错引起的!没有研究表明父母养育不当会导致自闭症。

仅从字面上理解"自闭症"这三个字,或许有人会认为这是一种将自己的内心封闭起来的心理疾病。其实,这是一种误解。**自闭症**

---

① 丹尼尔·P.哈拉汗,詹姆士·M.考夫曼,佩吉·C.普伦.特殊教育导论[M].肖非等译.北京:中国人民大学出版社,2010:396.

并不是一种心理疾病,而是先天性的脑功能发育不全。它并不是由教育或生活环境恶劣而诱发的疾病。[1]

一般认为自闭症的患病原因是大脑功能存在障碍,但是关于具体是哪一部位出现障碍并没有得出结论。总体来说,自闭症的病因涉及遗传、神经生物学、疾病等多种因素。

(一) 遗传因素

研究表明,整体而言,倘若一名家庭成员患有自闭症,那么,该家庭中另一名成员患有自闭症的概率要比他人高 50~200 倍。倘若同卵双胞胎中一个患有自闭症,则另一个患自闭症的概率要比异卵双胞胎高很多。[2]

(二) 神经生物学因素

研究人员已经找出正常婴幼儿与自闭症婴幼儿的许多生理生化差异,包括脑电波活动、脑电图类型、氨基酸结构等。但是没有发现哪一种生理生化异常是所有自闭症婴幼儿共有并且独有的。由此推断,多种生理变化异常都可能导致自闭症。[3]

---

[1] 佐佐木正美著.解析儿童自闭症[M].张晗译.沈阳:万卷出版公司,2009:4.
[2] 丹尼尔·P.哈拉汗,詹姆士·M.考夫曼,佩吉·C.普伦.特殊教育导论[M].肖非等译.北京:中国人民大学出版社,2010:392.
[3] 雷江华.学前特殊儿童教育[M].武汉:华中师范大学出版社,2008:152.

(三) 疾病因素[①]

● **孕妇怀孕期间病毒感染可能导致自闭症。** 妇女怀孕期间可能因麻疹、流行性病毒感染，使胎儿的脑部发育受损而导致自闭症。

● **新陈代谢疾病。** 如苯丙酮尿症等先天的新陈代谢障碍，造成脑细胞的功能失调和障碍，会影响脑神经信息传递功能而造成自闭症。

● **脑伤。** 包括孕妇在怀孕期间窘迫性流产等因素而造成幼儿的大脑发育不全，生产过程中的早产、难产，新生儿脑伤以及婴儿期因感染脑炎等疾病造成脑部伤害，都可能增加患自闭症的风险。

五、认识你的孩子

自闭症儿童存在三大核心症状，即社会交往障碍、交流沟通障碍、行为重复刻板。

(一) 社会交往障碍

● 避免与他人进行目光接触或不看他人的眼睛。

[①] 雷江华.学前特殊儿童教育[M].武汉:华中师范大学出版社,2008:152.

- 对人和动物几乎或完全不感兴趣,但对物体有浓厚的兴趣。
- 无应答表现,在社会情境中几乎不会微笑。

……

(二) 交流沟通障碍

- 语言发展迟缓,模仿性语言少,语言理解能力差。
- 音调平直,缺乏节奏,声音过高或过低。
- 机械式语言或回声式语言多。
- 代词使用混乱。

……

(三) 行为重复刻板

- 重复、刻板的动作行为多,如旋转、拍手等。
- 极端沉迷或沉醉于某物体或者兴趣范围非常狭窄,如重复性地把物体进行排列。
- 喜欢一成不变的环境,周围环境的细微变化会让他们烦躁不安。

……

此外,自闭症儿童在感知觉和运动方式方面存在异常。他们对于环境中特定的刺激要么反应迟钝,要么反应过度。如有些自闭症儿童对父母的呼唤声充耳不闻,但对抽水马桶、空调外机运转的声音反而过度警觉和敏感。自闭症儿童的运动功能与普通儿童相似,但运动方式有所不同,比较独特,如部分患儿用脚尖走路,给人感觉像是要最后冲刺一样。同时,自闭症儿童的兴趣爱好十分有限,喜欢的活动内容范围较窄。

拓展阅读

高尔基曾说过:"每一本书都会打开一扇窗户,让人看到一个不可思议的新世界。"书籍是心灵受伤时的创可贴,是迷茫无助时的指路灯,是退却丧气时的打气筒。在此介绍一些与自闭症基础理论知识相关的书籍,希望能够帮助大家全面认识和了解自闭症,带领自闭症儿童一起快乐成长!

1. 佐佐木正美著. 解析儿童自闭症[M]. 张晗译. 沈阳:万卷出版公司,2009.

2. Stephanie B. Lockshin, Jennifer M. Gillis, & Raymond G. Romanczyk. 与泛自闭症儿童一起成长[M]. 台北:心理出版社,2011.

3. 坎皮恩·昆恩. 自闭症 100 问[M]. 香港:新苗文化出版社,2007.

第二章
发现自闭症

早发现、早干预、早治疗对自闭症儿童的康复至关重要。自闭症儿童常常有异于普通儿童的发展特质，如果家长能够及时掌握自闭症的相关知识，便可以在生活中观察并判断孩子的表现。一旦发现异样，可以在日常干预的基础上，带孩子到正规的医院或鉴定机构做进一步检查，以尽早确定孩子的问题，及时制定系统的教育康复计划。

一、日常观察

如果家长发现孩子出现了以下行为，就要特别注意了。

- 语言能力差，不愿意主动去跟别人交流。
- 理解能力欠缺。
- 没有像一般小孩一样对父母产生依赖。
- 喜欢一个人独来独往，不跟旁边的小朋友一起玩。
- 行为刻板。
- 有时候会有一些自伤或者攻击性行为出现。
- 有某种特别的偏好（玩玩具的方式）。

……

不依恋父母

自闭症的小孩不会注视妈妈的脸，也不会对他人微笑，更不会去用眼神交流。妈妈喂奶的时候，宝宝不会将身体靠近妈妈；爸爸妈妈伸手去抱的时候，宝宝不会做出迎接的姿势；对父母没有很亲切的感觉；父母离开的时候没有不舍和留恋，父母的来去对小孩来说显得无所谓。

比如：妈妈下班回家打开门，看到孩子后高兴地对他说："宝宝，妈妈回来了。"此时孩子正坐在毯子上转汽车轮子，他抬了一下头（目光不确定，无法判断是否看到了妈妈），没有任何表情，然后又回头继续转轮子了。

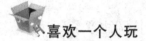
喜欢一个人玩

自闭症儿童对周围发生的一切漠不关心，喜欢独来独往，自己一个人玩，不太喜欢跟周围的小朋友们一起玩。有时也会有与小朋友玩耍的愿望，但维持时间很短。我们会看到有时当自闭症孩子看到一群孩子在玩时，也跑过去了，但是两三秒钟后他自己就离开了。玩耍的方式也很独特，他们注意的重点和普通小孩不同，不遵守也不理解游戏规则。他们在游戏中获得的快乐大多来源于重复某个动作，而不是游戏的过程。比如：孩子在比赛追跑，一般孩子是在追到其他人，或是被其他人追到的过程中来体验游戏乐趣的，而自闭症的孩子可能只是一味地跑，而不在乎是否有人追他，也不会去追其他人。在普通人看来这个孩子的行为就是怪异的，难以理解，互动也就自然没有了。

行为刻板

喜欢单调重复的动作行为,不喜欢改变。在生活中,对物品的位置摆放很敏感,不喜欢改变位置。喜欢一成不变,比如坚持要坐自己的位置、坚持使用同一把椅子、坚持走固定的路线、玩固定的玩具等。一旦秩序被打乱或者有人试图去改变这个秩序,就会变得非常烦躁,情绪激动时甚至出现自伤或者攻击性行为。

语言能力、理解能力差

很多自闭症儿童存在语言方面的障碍。到了该学说话的年龄,仍然没有学说话的迹象。甚至肢体语言也很少见,例如,对指一指"灯"在哪里的要求,他无法用肢体表达。语言发育明显迟缓,不回应他人的问话。即使会说话,也不会主动去跟别人说话。即使主动说话了,也大多没有实际意义。例如,一个自闭症孩子只要见到老师就会不停地说:"老师好!老师好!"直到老师回应他为止,而当老师回应他时,他又走开了。使用重复式语言,如不断重复某句广告词或是学会的某句话,有时也可能是问句,但他并不想得到答案。

异常的兴趣偏好和特长

自闭症孩子对玩具、游戏不感兴趣,而对一些不是玩具的东西很感兴趣,如水瓶盖、锅碗瓢盆等。有的则喜欢看旋转类的物品,比如旋转的风扇、车轮等。还有些孩子对日期、时间、地名、路线等记忆超常。

二、量表运用

自闭症儿童诊断量表包括克氏孤独症行为量表、自闭症行为量表(ABC)、儿童孤独症评定量表(CARS),以及 PEP 心理教育量表等。

克氏孤独症行为量表:这种量表评量孩子最近 1 个月的情况,是适合家长使用的简易行为评定量表,如表 2-1。量表共由 14 项组成,行为出现频率分"从不"、"偶尔"和"经常"三级,评分分别为 0、1、2 分。总分≥14 分且"从不"≤ 3 项,"经常"≥6 项者,可能为自闭症。分数越高,可能性越大。[①]

表 2-1 克氏孤独症行为量表

项目	行为表现	从不/偶尔/经常
1	不易与别人混在一起玩	
2	听而不闻,好像是聋子	
3	教他学什么,强烈反抗,如拒绝模仿、说话或做动作	
4	不顾危险	
5	不能接受日常习惯的变化	
6	以手势表达需要	

---

① 杨晓玲,蔡逸周.解密孤独症[M].北京:华夏出版社,2007:264.

续表

项目	行为表现	从不/偶尔/经常
7	莫名其妙地笑	
8	不喜欢别人拥抱	
9	不停地动,坐不住,活动量过大	
10	不望对方的脸,避免视线接触	
11	过度偏爱某些东西	
12	喜欢旋转的东西	
13	反复做些怪异的动作或玩耍	
14	对周围漠不关心	

自闭症行为量表(ABC):由克鲁格(Krug)于1978年编制,1989年杨晓玲教授将其引进并进行了修订。表中列出57项自闭症儿童的行为特征,包括感觉能力(S)、交往能力(R)、运动能力(B)、语言能力(L)和自我照顾能力(S)五个方面。要求评定者与儿童至少共同生活3~6周,填写者与儿童生活至少半年以上。评分时,对每一项作"是"与"否"的判断。"是"评记"√"符号,"否"不打号。把"是"的项目分值进行合计累加,分值越高,疑似自闭症可能性越大,如果受测者的量表总分等于或高于31分,可怀疑为患有自闭症;如果受测者的量表总分等于或高于53分,可以诊断为患有自闭症。原作者提出该量表的筛查界限分为57分,诊断分为67分。[①] 如表2-2所示。

---

① 杨晓玲,蔡逸周.解密孤独症[M].北京:华夏出版社,2007:274.

表 2-2　自闭症行为量表

序号	项目	项目分值	是/否
1	喜欢长时间自身旋转	4	
2	学会做一件简单的事,但很快就忘记	2	
3	经常没有接触环境或进行交往的要求	4	
4	往往不能接受简单的指令(如坐下、过来等)	1	
5	不会玩玩具(如没完没了地转动、乱扔、揉等)	2	
6	视觉辨别能力差(如对一种物体的特征、大小、颜色、位置等辨别能力差)	2	
7	无交往性微笑(即不会与人点头、招呼、微笑)	2	
8	代词运用颠倒或混乱(你、我分不清)	3	
9	长时间一直拿着某种东西	3	
10	似乎不听人说话,以至于让人怀疑他有听力问题	3	
11	说话不合音调、无节奏	4	
12	长时间摇摆身体	4	
13	要去拿什么东西,但又处在身体不能达到的地方(即对自身与物体之间的距离估计不足)	2	
14	对环境和日常生活规律的改变产生强烈反应	3	
15	当与其他人在一起时,呼唤他的名字,他没有反应	2	
16	经常做出前冲、旋转、脚尖行走、手指轻掐轻弹等动作	4	
17	对其他人的面部表情没有反应	3	
18	说话时很少用"是"或"我"等词	2	
19	有某一方面的特殊能力,似乎与智力低下不相符合	4	
20	不能执行简单的含有介词的语句指令(如把球放在盒子上或放在盒子里)	1	
21	有时对很大的声音不产生吃惊反应(可能让人想到他是聋子)	3	

续表

序号	项目	项目分值	是/否
22	经常拍打手	4	
23	大发脾气或经常发点脾气	3	
24	主动回避与别人的眼光接触	4	
25	拒绝别人的接触或拥抱	4	
26	有时对很痛苦的刺激如摔伤、割破或注射不引起反应	3	
27	身体表现很僵硬、很难抱住	3	
28	当抱着他时,感到他的肌肉松弛(即他不紧贴抱他的人)	2	
29	以姿势、手势表示所渴望得到的东西(而不倾向于语言表示)	2	
30	常用脚尖走路	2	
31	用咬人、撞人、踢人等行为伤害他人	2	
32	不断地重复短句	3	
33	游戏时不模仿其他儿童	3	
34	当强光直接照射眼睛时常常不眨眼	1	
35	以撞头、咬手等行为自伤	2	
36	想要什么东西不能等待(一想要什么,马上就要得到)	2	
37	不能指出5个以上物体的名称	1	
38	不能发展任何友谊(不会和小朋友来往交朋友)	4	
39	有许多声音的时候,常常捂着耳朵	4	
40	经常旋转碰撞物体		
41	在训练大小便方面有困难(不会控制大小便)	1	
42	一天只能提出5个以内的要求	2	
43	经常受到惊吓或非常焦虑不安	3	
44	在正常光线下斜眼、闭眼、皱眉	3	
45	不会自己给自己穿衣	1	
46	一遍一遍重复一些声音或词	3	

续表

序号	项目	项目分值	是/否
47	瞪着眼看人,好像要"看穿"似的	4	
48	重复别人的问话或回答	4	
49	经常不能意识到所处的环境,并且可能对危险的环境不在意	2	
50	特别喜欢摆弄某件东西或着迷于某个单调的游戏、活动等(如来回地走或跑,没完没了地蹦、跳、拍、敲)	4	
51	对周围东西喜欢嗅、摸或尝	3	
52	对生人常无视觉反应(不看来人)	3	
53	纠缠在一些复杂的仪式行为上,就像缠在魔圈里(如走路要走一定的路线,饭前或做什么事前一定要把什么东西摆在什么位置,或做什么动作,否则就不吃或做什么事)	4	
54	经常毁坏东西(如毁坏玩具,家里的一切用具很快就给弄坏了)	2	
55	在2岁以前就发现孩子发育延迟	1	
56	在日常生活中至少用15个但不超过30个短句进行交往(不到15句也打"√")	3	
57	长时间凝视一个地方(呆呆地看某处)	4	

儿童自闭症评定量表(CARS):该量表编制于20世纪80年代初,从人际关系、情感、模仿、躯体运用能力、与非生命物体的关系、对环境变化的适应、视觉反应、听觉反应、语言交流沟通能力等15个主要方面对自闭症儿童进行评估,是主要适用于医师或儿童心理测验专职人员的他评量表。应用时最好能结合儿童自闭症家长评定量表共同使用。总分大于30分可考虑为自闭症,30~36分为

轻—中度自闭症，大于36分并且5项以上达3分或大于3分时为重度自闭症。

自闭症儿童心理教育评量量表：量表的目的在于从整体上了解儿童各种技能的发展水平，包含功能发展量表和行为表现量表两个分量表。其中功能发展量表由模仿、知觉、大肌肉、小肌肉、手眼协调、认知理解、认知表达七大项目组成。行为表现量表主要用来评估孩子的行为表现，并判断其严重程度，包括语言、关系与情感、感觉反应、游戏及对物件的兴趣四个方面。该量表不仅能够测出儿童现阶段的实际发展水平，还能够测出儿童的潜在发展水平，教育者可根据儿童的测评结果，以其实际发展水平为教育起点，以其潜在发展水平为教育目标，逐步促进自闭症儿童的发展。

由于自闭症孩子听指令存在困难，语言文字理解能力差，注意力不集中等原因，量表评量的结果会存在误差，并不能完全代表孩子的真实发展水平。所以，家长不要过于看重自闭症孩子的评量结果，不能一旦发现孩子的诊断结果不理想，就灰心丧气，放弃对孩子的训练。既要通过量表看到孩子的不足之处，也要发现孩子的优势能力，并在生活中积极发现孩子的闪光点。

> 客观看待评量结果！

三、仪器诊断

自闭症儿童的确诊并非易事,需要经过多次检查、检测、筛选等,最后才能在符合条件的情况下确诊。在诊断的过程中,除了要用到自闭症筛选量表以外,还需要借助其他仪器来辅助诊断,以排除生理疾病等其他因素的干扰。下面介绍几种常用的自闭症诊断辅助仪器诊断办法。

(1)磁共振成像(MRI)。MRI既可以提供高清晰度的脑结构成像,又可以从多个角度观察脑白质和脑灰质的功能。一般检查的时候不需要注射药物(某些特殊情况除外)。[1]

(2)脑电图。脑电图是通过电极记录下来的脑细胞群的自发性、节律性电活动。脑电图异常者一般为智商较低者,智力受损越严重的自闭症儿童,出现脑电图异常和癫痫的概率越高。但有大约20%~40%的患儿在青春期前出现癫痫,脑电图可能未见异常。[2]

(3)单光子发射计算机体层摄影术(SPECT)和正电子发射断层扫描(PET)。它们的工作原理是将放射性同位素标记到某种物质上,然后将这种带有放射性标记的物质注入体内,一定时间内观察脑部这种放射性物质的浓度,从而推测脑活动的情况。SPECT

---

[1] 杨晓玲,蔡逸周.解密孤独症[M].北京:华夏出版社,2007:46.
[2] Ebersole, JS and Pedley TA. Current practice of clinical electroencephalography. 3rd ed. Lippincott Willianms & Wilkins, 2004.

和 PET 不能用于观察脑结构,只能观察脑功能,除了可以观察血流、血氧代谢之外,SPECT 和 PET(特别是 PET)的最大优点是可以用于研究某些特殊的神经递质的代谢情况。[①]

四、发现孩子的闪光点

自闭症孩子虽然存在语言、行为、智力、理解等方面的缺陷,但他们也是孩子,也是可爱的生命,并不是一无是处。当家长摆正心态,把他看成一个独立的个体,从生活的细微处欣赏孩子的一点一滴时,会发现自闭症孩子的许多闪光点。他们单纯、直率、坦诚,没有丝毫遮掩地纯净地生活着,而且自闭症孩子往往也有他们的兴趣爱好和特长,比如大多数自闭症孩子的运动能力较好,在溜冰、游泳、骑车等方面甚至比普通人做得更好,有些自闭症孩子则对音乐、绘画、弹钢琴等有着浓厚的兴趣或独特的天分。自闭症孩子虽然常会有发脾气、大哭大闹等看似不恰当的行为,但那并不是孩子有意不听话,而是因为不懂得如何通过语言表达自己的想法或需求,不得已通过问题行为代替合理的交流方法。此时的孩子最需要的是有人教会他如何表达,他就可以自如地沟通,也会减少很多不愉快。所以,当父母用博大的胸怀接纳孩子,理智的心态理解孩子时,就不会轻易将孩子的行为归于不听话或者一无是处了。当家长能站在孩子的

[①] 杨晓玲,蔡逸周.解密孤独症[M].北京:华夏出版社,2007:46-47.

角度理解孩子因为生理方面的缺陷而带来的困难而理智地处理孩子的问题时,孩子不闹了,家长不发脾气了,家庭气氛也变和谐了。

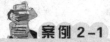
案例 2-1

　　天宝·葛兰丁,女,自闭症,目前已拥有亚利桑那州立大学畜牧科学硕士学位,并于1988年获得伊利诺大学的畜牧科学博士学位。她是当今少数的畜牧处理设备设计、建造专家之一。她在此专业领域中发表过上百篇学术论文,并经常巡回各地发表演说。她的著作《我心看世界——天宝解析孤独症谱系障碍》向我们展示了自闭症孩子的内心世界。

案例 2-2

　　阳阳,11岁,自闭症男孩。在家人的精心照料和培养下,能够写日记,独立完成沙画作品,显示出绘画方面的天赋。他在第二届"溢美"全国少儿书画大赛中获三等奖;在湖北省首届"残疾人文化节"书法、绘画、摄影作品展中,他的作品《叠罗汉》获二等奖。以下为阳阳的作品。

总之,发现孩子的闪光点,才能用欣赏的眼光看待孩子,才能帮助孩子在他的乐趣中找到属于他的生活。这也是父母对孩子最起码的尊重。

 **拓展阅读**

自闭症的诊断离不开日常观察和科学评测,在此向大家推荐一些书籍,让大家可以从科学诊断和自闭症儿童自述两个角度,发现和了解自闭症。

1. 杨晓玲,蔡逸周.解密孤独症[M].北京:华夏出版社,2007.

2. L. Wing. 孤独症谱系障碍:家长及专业人员指南[M].孙敦科译.北京:北京大学医学出版社,2008.

3. 丹尼尔·戈特里布.山姆告诉我的事[M].吴超译.武汉:长江文艺出版社,2012.

第三章
心·会自闭症

人们总是把自闭症的孩子称作"星星的孩子",他们就像天上的星星一样活在自己的世界里,本应在遥远的仙境,只是不小心落入了凡间。孩子被诊断为自闭症后,家长们陷入痛苦的同时,也开始积极寻找各种可能的康复训练方法。但孩子好像总是活在自己的世界里,与我们的世界隔了一道无形的墙,怎么拉也无法将其从孤独的世界中拉出来。其实当我们从孩子的角度出发,理解孩子面临的困难,我们就能逐渐走进孩子的内心,进而逐渐打开他们封闭的心门。

一、家长的心路历程

喜悦

娇儿出生,如刚刚升起的太阳,蕴藏着家长的全部梦想。父母们为儿兴奋为儿忙,在喜悦和忙碌中,孩子渐渐长大了,长胖了。

当看着孩子明亮闪烁的大眼睛的时候,当触碰着孩子粉白娇嫩的皮肤的时候,父母们的心中总是充满了希望。太多美好未来的场景不断地出现在脑海中,编织成一个个美丽的梦想。更让父母们惊喜的是,孩子居然早早就会认字了,婴孩时期就能背好多东西了。他们想,这个孩子一定是个神童!

案例 3-1

所有人都说没见过那么漂亮的孩子,所以我一直认为我的孩子是世界上最好的孩子。我一定是神童的妈妈,我一定会是。从他两三个月开始,我就剪了很多卡片教他,到了六个月,他就开始认字了。[1]

---

[1] 方静.从期待天才到挑战孤独症[EB/OL]. http://www.jas.org.cn/edu/2012-09-12-235.html

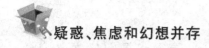 **疑惑、焦虑和幻想并存**

孩子在快速地成长,然而作为孩子的父母却有许多疑惑刚下眉头,又上心头。他们可能没有太多带孩子的经验,但还是隐隐觉得不对劲,总感觉或者被告知自己的孩子跟别的孩子不一样,但又不愿意承认,到底是哪里出了问题呢?

为什么孩子已半岁了还不会与人再见(手势)?

为什么孩子只愿意自己玩,不看你、不理你?

为什么孩子入睡如此困难,好不容易睡着了,刚刚凌晨两点就又醒了?

为什么孩子都八个月了还不会爬?

为什么孩子已经一岁多或两岁了还不会说话?

为什么孩子走起路来总是跌跌撞撞,跑起来更是步态不稳?

为什么孩子特别偏食?

为什么孩子特别多动,又没有危险感?

为什么孩子既不能按指令做事,也不会连续地模仿你的动作?

为什么孩子整天就是嗑牙或旋转物体(身体),不懂得与人交流?

为什么我们养一个孩子要付出比人家多三倍的精力?

……

太多太多的特别,太多太多的疑问,弄得父母们焦虑又疲惫。而此时孩子由于不懂得与人交流,"不听话",太多动,先是被幼儿园退回来,后被怀疑耳聋。家长只好带着他们到处看医生,到处做检查。父母们的情绪被深深地拖入了疑虑和焦躁之中。

他们总是疑问:我的孩子到底怎么了?但与此同时,父母们似乎又有一种自我安慰的心理,也许只是因为我的孩子发育比较晚,再长大一点,或许就好了!或许这不是问题,又或许这是一件好事。例如:自闭症孩子小时候看电视广告特别专注,一旦看广告就听不到任何其他的声音,如果不看广告喂饭时就不张嘴。但那时妈妈或许想:这孩子注意力太集中了,要是做一件事精力能这样集中,怎么能不成功呢?其实妈妈已经意识到有问题了,但是又编织着自己美丽的梦。

 绝望

孩子的问题越来越多,症状也越来越明显。

父母们面临的问题越来越多,心情也越来越焦虑和紧张,带着忐忑的心情开始四处求医问药,却得到一个更加困惑的诊断结果,孩子的病症是"儿童自闭症"。如同坐上了过山车一样,家长的心情瞬间提到了最高点,"自闭症是什么?"等到明白自闭症是一种全面发展障碍,一种无药可医,且伴随终生的疾病后,又从最高点瞬间跌落到谷底,栽进了绝望和痛苦的深渊,严重的痛苦感、沉重的自卑感、无力感几乎使父母们失去了生活的勇气和力量。他们为孩子的将来感到恐惧和担心,为无法改变的事实感到无助,也因孩子的不健全感到失望。

案例 3-2

得到这么一个宣判后,我感觉我死掉了,我的生命无法继续了。我有那么多美丽的梦想,那么多美好的期待,都准备在宝儿的身上实现,曾经想过宝儿要比我能力强,宝儿要比我生活更幸福,宝儿会实现我所有的愿望。而今天这一切都随着医生的一句话(这种病是智力残疾,终生不能生活自理)消失了。我从天堂一下掉进了地狱,看不到一点光亮,周围笼罩着阴暗、潮湿、寒冷。我不想站起来,因为我不知道站起来去哪里;我不想说话,因为我不知道可以说什么,跟谁说;我也不想睁开眼睛,因为睁开了也什么都看不见。我只想,静静地等待将要发生的一切,哪怕是死亡。

——唐山"星知光"创办人万颖

痛苦

父母们在经历了人生最绝望的体验之后,对孩子的爱最终能激发出他们的勇敢和担当,他们最终选择了坚持。他们忍受着深深的痛苦,踏上了带着孩子寻医问药的道路。但是在对孩子进行训练的过程中,因为陷入种种误区,让家长痛苦不堪。

误区1:只要坚持一段时间的康复治疗,孩子就会好起来的。

自闭症孩子的康复是一项复杂而长期的工程,但家长不愿意接受这样的现实,抱着孩子一年半载就会好起来的想法,放弃自己的工作和生活,一门心思教育孩子。唐山"星知光"创办人万颖曾说:"一定要把我儿子变成正常人是我此生的愿望。"但自闭症孩子的进步缓慢,而家长过于心急,导致家长看不到希望,甚至灰心丧气,以至于生活暗淡无光。

误区2:康复的重心是孩子学业能力的提升。

因缺乏科学的康复理念和方法的指导,家长过于看重孩子的学业能力,把康复重心放在教孩子算数、识字、背儿歌等方面,虽然孩子机械地学会了很多知识,但在生活中依然没有任何改观,让家长误以为自闭症孩子无药可救,开始担心孩子能否活下去。

误区3:担心"我死后,孩子怎么办?"

社会不接纳孩子,政府的救助措施也不到位,我死后,孩子将何去何从?众多家长总会思考这个问题,甚至很多家长因此绝望而放弃了对孩子的康复教育,生活在痛苦之中。殊不知家长在努力,社会也在努力,路是慢慢闯出来的,而且社会对自闭症孩子的关注也越来越多,要坚信孩子将来的生存状况会改善的。

接纳

在训练班里,孩子经过一段时间的训练后,开始有了一定的进步。父母们也在与孩子的共同训练中,有了参与孩子的精神世界和与孩子一起活动的初步能力和体验。父母们的心理压力开始减轻,正如有的自闭症父母所说:"父母们第一次卸下了生命的重负,这是他们自发现孩子患病以来,最最快乐的日子。"

父母们那长久阴晦的情感天空中,第一次射入了一线快乐的阳光。参与和交流的喜悦也使父母们不再逃避,而是渐渐地在岁月的流逝中学会了面对现实,学会了承认现实,学会了接纳一个特别的孩子,接纳了一种全新的生活,并从中获得快乐。

 喜悦

经过漫长的求索,依靠自身的坚韧和科学的力量,父母们终于想通了,其人生的理念和情感有了一次更大的调整。他们使自己人生体验的敏感性提到了最高点。他们珍惜日常生活中过去不被重视的体验,懂得了孩子在他们生活中的价值,学会了从孩子最微小的进步中体验到发展所带来的巨大快乐。"孩子看了我一眼,孩子听见我叫他了,孩子会叫妈妈了,孩子主动拉了一下我的手,孩子能用勺子了……"这一个个细节都会让父母为之兴奋,家长得到了久违的孩子带来的快乐。家长也逐渐在孩子康复的道路上找回了自己的价值,不仅因为孩子有了进步,也因为在这个过程中自己变得更加强大,因为相同的痛苦和相同的命运让更多的家长走到了一起,他们互相支持,互相鼓励,抱团取暖,形成了一股力量,有能力去帮助更多的家庭,也有力量为孩子的权利奔走呼告。

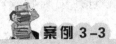
案例 3-3

一位自闭症妈妈说:"每个人的生活中都有挑战,不是这方面就是那方面的,但晚挑战不如先挑战,苦吃掉就不见了。我觉得,哎——自闭症,我就跟你斗一斗,我就跟你玩一玩……看谁厉害……所以我是不会去想那些负面的事情……我只看我今天能解决多少,今天好好做,明天起来我又是充满精神的,我又在做,我和孩子又在进步。"

二、读懂你的孩子

(一) 我们的孩子怎么了

小朵妈妈　小朵从不与人对视,对光亮特别着迷,会直视太阳和灯光;对房间里的任何一点改变都不能忍受,她能觉察一丁点的改变,然后就大喊大叫;跑到商店里拿了东西就走;会什么都不穿就到处跑,家人不得不一次又一次到处去找她……为什么是小朵?她到底怎么了?

点点妈妈　对于点点来说,一个人是最快乐的。他对家中进进出出的人毫不注意。拥抱或者爱抚他,他也没有任何反应。但是他特别容易注意到旋转的东西。独自游戏时若有人介入,他会恐慌和愤怒。一天中有许多强迫性行为,比如说拖鞋一定要放在固定的位置,每到整点就要看表计时。点点长大以后该怎么办呢?

自闭症孩子们的行为和反应总是让家长们不知所措,对于孩子们怪异的举止、刻板的行为,家长们拼命想去纠正,想让他们和普通孩子一样,希望别人不再向他们投来怪异的眼光。对于孩子情绪的爆发、自伤和攻击性行为,家长们想要制止,却常常是越制止孩子闹得越厉害。家长们不禁要问:孩子到底怎么了?对他的好他为什么不接受?对他的正确教导他为什么不听从呢?

其实孩子行为的背后都是有原因的,他们听不懂大人的训诫,克制不住自己的行为,孩子也不是故意的,他们也会觉得委屈,他们只能用自己的方式表达情绪和想法,他们需要家长用心去理解和接受他们。

(二) 我的世界是这样的

"星星的孩子"自从来到这个世界,他们的行为在我们的眼里就和这个世界格格不入。但是我们是否想过,在孩子们的眼里,我们的世界是不是同样很奇怪呢?他们有自己的思维方式、自己的行为规则、自己内心的想法。在我们拼命想把他们拉入我们的世界的时候,我们是否真切地去思考过他们的世界呢?

案例 3-4

喜禾的故事

对,就是这个满嘴烟味的家伙老凑到我跟前对着我喊"爸爸"。可他又说他是爸爸。一下对我喊爸爸,一下让我叫他爸爸。本来我想叫他爸爸的,但我决定不叫了,等他自己先把这个事搞清楚了再说吧。

我时间很宝贵的,我要玩转圈,我要玩摇头,我要玩踮脚尖,我还要检查家里所有的锅盖壶盖——它们是不是不那么圆了。我太忙了,我都忙得没时间咬自己的手指甲了,3分钟没咬,我觉得又长长了。

我本来还想多说几句的,但看到那个自称爸爸的人居然有时间看报纸,我那么忙他那么悠闲,我得给他找点事情干,对,我拉屎在身上……"嗯""哦""呜啊"。我拉在裤子上了。你们看到没有,那个自称爸爸的人扔掉报纸,向我跑过来……①

 某些特殊的感觉刺激让我感觉很舒服

我喜欢某些特别的东西或者总是做特定的动作,比如不停地在眼前晃手指,用指甲抓自己的皮肤等,是因为我喜欢这个过程给我带来的感觉刺激。

---

① 蔡春猪.爸爸爱喜禾:十万个是什么[M].北京:中国华侨出版社,2011,7:6—10.

丹尼尔的故事

我喜欢光着脚在垫子上走,天热时,脚会出汗,黏黏地粘在垫子上,我会稍用力地抬起脚,再放下,再抬起,重复那种脚被垫子粘住的感觉。我不知道别的孩子怎样看我,在我眼里,他们只是我体验各种视觉和触觉的背景。①

彻之的故事

我喜欢沙子,沙子是种很神奇的东西,我能感受到细沙在我手上滑落时的触感,它千变万化,你可以将它变换成任何一种形状,比什么都好玩,我用铲子将它挖到桶里,从一个容器倒入另一个容器,沙子像瀑布般滑落很是好看,还有细沙流动时的"沙沙"声也很是让我兴奋。②

 我有时无法控制自己的身体

人的大脑中有一些功能回路,比如认识颜色、形状和物体运动时,这些回路需要协同运作来形成完整的图像,但我总是存在严重的感觉问题,常会出现感觉信息混乱和一种或多种感觉通道被封闭

---

① 丹尼尔·塔米特.星期三是蓝色的:一个自闭症天才的幸福人生[M].欧冶译.沈阳:万卷出版公司,2011:25.

② 明石洋子.与自闭症儿子同行1——原汁原味的育儿[M].洪波译.北京:华夏出版社,2012:2.

的状态,特别是当我疲劳和处于刺激较多的环境中,如超市时,这种情况就很容易发生。有时候我的意识也不能和身体很好地配合,身体总是不听控制。①

案例 3-7

蒂托的故事

我看物体的时候不能整体认识,可能先看到它的颜色,之后才认识到物体的形状。我还无法控制自己的拍手行为,总是不自觉地就做出了这个动作。

 我有时候会觉得身体不舒服

身体不舒服的时候,我会直接用自己觉得最直接的方式来解决,因为无法表达,可能常常会伤到自己。所以,有时候我们令人不解的行为也许是想告诉你们,我们现在很不舒服。

● 用手抠挖自己的眼睛或擦压眼睛周围的部位,导致眼睛红肿发炎甚至伤害眼球,这些自虐性行为,往往与眼睛有炎症或眼部手术后所引起的不适有关,同时也可能与体内缺钙有关。

● 不停地用头撞墙或用手打自己的耳朵和太阳穴部位,这些行为往往是长期存在的而且是不由自主的。有些孩子还

---

① 天宝·格兰丁.我心看世界——天宝解析孤独症谱系障碍[M].燕原译.北京:华夏出版社,2012:75.

会表现出自我禁锢的行为,如用衣服捆绑自己的胳膊等。有慢性中耳炎、长期牙齿疼痛、慢性肠胃病时,最有可能借助于这些行为来作为止痛方法。

● 有时当被碰到特殊的身体部位或被放到特定的环境中才发出高声尖叫。是因为和普通人一样,自闭症孩子在叫声中疼痛会得到某种排解和发泄。

 我有时会觉得很恐慌

我有时会尖叫,会发脾气,并不是我在无理取闹,而是这个环境的某些因素让我感觉到了恐惧,某些感觉让我无法忍受,我会觉得不安全和痛苦。

案例 3-8

天宝的故事

晚上如果外面有一点高频的声音,都会让我很恐慌。我很难忍受粗糙的布料、粗糙的毛衣、坚挺的新衣服或者衣服上的缝线都会给我带来痛苦的感觉,甚至就连换新牌子的袜子都会让我感觉好像走在砂纸上一样。

 你们总是不知道我需要什么

(1)你们总是不知道我要表达的意思,我很着急,就会发脾气。我需要上厕所,你递来了一杯水。我喜欢看广告你却拼命要我看动画片。我想过生日,吃蛋糕,吹蜡烛,你们为什么就是不懂呢?

(2) 大人们总是在忙自己的事情,还总是愁眉苦脸。咦?你们怎么不关注我了,那我闹一个,上一次这个办法好像还很有效。

(3) 你们总是强迫我学说话,叫"爸爸",叫"妈妈",还说我总是重复,你们还不是一样,我不叫了,真的很烦。那个帽子让我觉得很不舒服,但是你们偏偏要我戴,那我就只有发脾气来表示不满啦。

三、亲子的心理沟通

通常,自闭症的孩子们除了有三大核心障碍外也会产生一些并发症,如:焦虑症、恐惧症、忧郁症等。有的家长说,带小孩子去人多的大商场时,他就开始发脾气,不肯进去。实际上,这些有恐惧症的小孩子在走进人多的地方时,身体马上就有些反应,他们不会用语言表达不满,唯一能做的是跟你大发脾气不进那个地方,这是他们解决问题的方式,我们因为不了解,常常认为这是孩子的行为问题。如果家长能充分地理解孩子,掌握和孩子沟通的方式,很多问题都能迎刃而解,家长们也不会在无意中犯下错误。

 家长们首先要调整好自己的心态

我国自闭症康复训练方面的专家甄岳来老师说:"自闭症的康复首先不是技术问题,而是父母的人生态度问题、价值观问题,是父母的人格问题。"影响孩子成长的一个重要因素是父母,父母是孩子的一个"天然刺激源"。我们的孩子心理脆弱而敏感,设想一下,他看到整日愁眉苦脸的父母会怎么想?他看到脾气暴躁的父母又会怎么想?他听到父母的争吵呢……谁不喜欢柔声、笑语和表扬,更何况那么脆弱、敏感而焦虑的孩子![1]

在没有读懂孩子"问题行为"背后的原因时,请不要轻易责骂孩子。我们需要多从自身进行反省,思考问题是否出在自己身上。一位特教老师这样说过:"原来很多人认为,我们的孩子特殊,我们的家庭肯定就要特殊,其实,越是特殊的孩子,家庭就更要正常,这样才会让孩子的康复有一个健康的环境。要让孩子知道父亲像山一样稳健,母亲似水一样温柔,给孩子建立一个正常的家庭环境。"有时孩子的问题反映出来的也是一个家庭的问题。

---

[1] 甄岳来.孤独症儿童社会性教育指南[M].北京:中国妇女出版社,2011:279-283.

案例 3-9

　　当初我去南京找一个自闭症方面的权威医生的时候说:"她现在对好多东西都恐惧,常常尖叫,没办法控制,想了很多办法都不能让她平和下来。"这位医生就对我说:"从你跟我谈话的状态,我就能感受到你已经把你自己的恐惧和焦虑的状态传递给孩子了。"

　　我说到孩子恐惧和尖叫的问题,她说要找到孩子这样做的原因是不是妈妈的问题。她说:"你这个孩子为什么会尖叫呢?妈妈肯定在家尖叫。"我说:"一点都不错。"因为遇到问题没人去倾诉,没人给我帮助,我也会心烦和无助,就会在家尖叫。

——小水妈妈

　　当父母面对自闭症孩子时,应该首先想到这是一个人,值得我们去尊重。然后这是一个孩子,他什么都不懂,什么都没学会,需要我们教他。而后还要想这是一个自闭症的孩子,需要我们呵护、理解和支持。只有这样,心态才会归于平和,生活才会归于自然,孩子才会平静地成长。

看清孩子们的需求

　　我们每个人都有不同的需求,自闭症的孩子也是一样,当需求得不到满足时,他们内心就会有负面的感受和情绪,并会有不同的表现。如果我们家长能够很好地理解孩子的需要,我们就能了解孩子,更好地帮助他们健康成长。下面,我们以"需要之塔"为依据来说明。

图 3-1 马斯洛提出的"需要之塔"

美国心理学家马斯洛 1943 年提出的"需要层次理论",把人的需求分成生理需要、安全需要、归属与爱的需要、尊重需要和自我实现需要五类,依次由较低到较高层次(见图 3-1),逐渐满足,逐渐上升,在到达上一等级之前下一等级的需要必须得到满足。① 每一类需要满足有一些基本表现,不满足也有基本表现。而我们的孩子在这五类需求上又会有哪些表现呢?

生理需要

主要指人对食物、水、性和休息等的需要,是个体发展的早期出现的需要,也是应最先满足的需要。满足孩子的生理需求,孩子就

---

① [美]理查德.格里格,菲利普.津巴多.心理学与生活[M].王垒,王甦译.北京:人民邮电出版社,2003:346-347.

会产生安全感,情绪愉快,否则就会情绪低落、焦虑。对于吃、喝、拉、撒、睡、玩的需要,家长们一般都做得很棒,能够及时满足孩子的需要,但是自闭症孩子和普通孩子的感官刺激需求不一样。他们觉得不自在或某些刺激需求没有得到满足时,也会产生异常的行为。如果一个平时非常安静的孩子突然变得暴躁、爱发脾气,首先要考虑的是,他是否生病了,一般来说孩子会触摸身上不舒服的地方。

有的孩子喜欢寻找某些特殊的感觉,比如喜欢特殊材质的触感、特殊的气味、特定的动作等,这会让他们得到一定的满足感。例如有的孩子,他只要闻一下你的头发就会知道你用了什么牌子的洗发露,于是我们会看到这个孩子经常有闻陌生人头发的动作。

有的孩子会因为感觉超负荷而突然爆发,很少干扰到普通人的声音、气味和质地,对某些自闭症孩子来说会产生好像牙钻碰到神经的痛苦感觉,如购物车轮子的吱吱声、商店广告的喇叭声等。曾有一个孩子在陪妈妈逛街时很乖,妈妈看东西他就在旁边静静地等。就在大家都安静地做自己的事的时候他突然大叫,双手捂住耳朵,蹲在地上不起来,显得极度恐惧。在场的人都被这突如其来的情景吓着了,只有妈妈轻轻地拍着孩子的背,搂着他慢慢站起来走出去,孩子就平静下来。原来这个孩子是害怕吸尘器的声音,而这个吸尘器的声音是从商场隔壁的肯德基店里传出来的,大家都没听到,被这个孩子感觉到了。

 **安全需要**

安全需要是个体寻求生命、财产等个人生活方面免于威胁、孤独、侵犯并得到保障的心理。自闭症孩子不理解周围环境的规则，不理解周围他人的语言，所以他们常常是缺乏安全感的，坚持很多固守的仪式和刻板的行为也常常是由于他们给自己创造一种熟悉的环境，从中找寻规则和安全感。假设我们去了另一个语言、文化迥然不同的国度，想象一下那种惶恐和不安，也就能够理解自闭症孩子了。所以，在日常生活中，当环境、行程有变化时，孩子作为一个独立的参与者有权利知情，作为父母要提前对孩子用他能接受的方式进行说明，同时还要给予帮助、提醒、鼓励，以减少他们的不安全感。

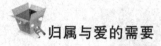 **归属与爱的需要**

人都有与他人建立情感联系(给他人爱和接受他人爱)的需要,需要有人陪伴、有人关心、有人交往,也包括有人爱,自闭症的孩子更是如此,由于对环境认识得不全面,感官的异常,获取信息的渠道与方式的混乱,强烈的不安全感等因素,归属与爱的需要对他们更为重要。到现在,家长可以常常问问自己:我能够了解孩子行为背后的意义吗?对于孩子正当的需求我满足他了吗?对孩子的微小进步我及时肯定了吗?有时候孩子需要的也许仅仅是家长的一个拥抱。

父母在与孩子一起生活的过程中一定要把孩子看成是和父母一样的成员,而不是父母的附属品。在生活中应不断地让孩子体会到父母对他的尊重,体会到他的存在对于这个家庭很重要,体会到他的责任和能力。例如:孩子犯错误后,先不是批评,而是了解情况然后教会孩子正确的处理方式。再如:多给孩子帮助父母做事的机会,之后父母再给予充分的肯定和赞美来提升他的归属感。

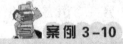 案例 3-10

莎莎有时候会莫名其妙地哭闹,我一点办法也没有,近乎崩溃。但莎莎的爷爷在这方面做得很好,每次莎莎哭的时候爷爷就抱着她,一边抱,一边摇,有时候就这样抱一整晚。莎莎能够在爷爷那里得到足够的爱和安全感,

所以她和爷爷特别亲近。小时候孩子去哪里康复都是爷爷跟着。我在前面抱着孩子,爷爷拿着东西在后面走,莎莎往后就能看到爷爷,这样莎莎就会安心。后来爷爷突发心脏病走了,莎莎不论到哪一个新的城市都要先去肯德基,不是因为她想吃东西,而是因为那个肯德基的头像,还戴了眼镜,很像她的爷爷,看到这个头像,她就觉得安心了。这也说明当她和家人在一起的时候,爷爷是最理解她的,因为这个原因,所以她要找爷爷,也是去找温情和理解。

——莎莎妈妈

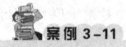
案例 3-11

宝儿日记

2012 年 8 月 22 日　天气:晴

今天真好,我早早起床上学去参加军训。随着军训的开始,我的初中生活也开始了……

下午休息时,我自己练习原地踏步和齐步走,练着练着我累了,就坐下来休息。这时有一个大男孩走了过来,问:"你有没有什么特长啊"?我听了之后心里异常激动。因为在小学生活中,主要是我找别人,根本没人找我。我就回答:"噢……没多少……也就能打个游戏……"这时又来了几个人,我们就坐在一起聊。他们说了一些关于电视剧、脑筋急转弯、抽烟喝酒之类的话题,我也想找一个话题聊聊,可还没想到话题,集合时间就到了,我们只好回去了……

看来我还是可以多交几个朋友的,努力吧!

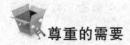 **尊重的需要**

一个人只有受到尊重才能体会到个人的力量与价值。自闭症的孩子在逐渐成长的过程中也越来越重视"尊重"的意义。他们会慢慢感受到自己和别的孩子是不一样的,但是内心又迫切希望自己能和别的孩子一样。而家长往往把康复的重点放在了孩子各项技能的获得上,对于孩子心理的变化往往容易忽视。孩子的内心是脆弱而敏感的,我们忽视的一些细节问题有可能对孩子造成巨大的影响。孩子合理的想法我们要尊重和理解,并且尽量给予孩子充分的情感支持。

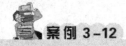 **案例 3-12**

孩子渐渐长大了,她的自我意识也逐渐发展出来了,但是我们家长常常忽略了孩子的心理成长和内心感受。有一次我带着女儿坐公交车,刷卡的时候司机提醒说孩子也要买票,我就把她的残疾证拿出来给司机看。小洁当时没有任何反应。后来在回家的路上,她愤怒地对我说:"我骂你。"我说:"你骂我干什么?"她就说:"骂你个残疾证,骂你个自闭症。"我明白了,她不喜欢别人说她残疾,她懂得自尊了。你以为对她来说是种优待,她却认为是一种歧视。

还有一件事情让我印象很深刻。有一次带她去见一位经常帮助我们的医生,这位医生和孩子交流很有经验,她不强迫孩子说出自己内心的想法,而是说孩子感兴趣的正向的东西,再慢慢引导,触动孩子的内心。那次女儿把心中的话都说出来了,并且还流泪了。医生对她说:"我也流泪了,你真勇敢,让我来抱抱你。"并且告诉她:"小洁,你没问题,你已经好了,你长大了,可以照顾妈妈了。"小洁出来后守在那个门口三四个小时等那位医生结束工作出来,因为她第一次有这种感觉:被理解了,被尊重和肯定了。我们的孩子内心其实什么都明白。

——小洁妈妈

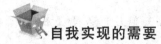 **自我实现的需要**

自我实现的需要是人希望最大限度地发挥自己的潜能,不断完善自己,完成与自己能力相称的一切事情,实现自己的独特价值。这是人类最高层次的需要,只有当所有较低层次的需要都持续不断地得到满足时,人才受到自我实现需要的持续支配。自闭症的孩子也是有自己的想法的,有自己想要实现的理想。或许他们能够达到的高度与常人有所不同,但是人与人之间都是有差异的,为自闭症的孩子创造良好的环境,尽最大努力为他们提供支持,帮助他们实现自身最大的价值,是我们可以做到的。[①]

 立足孩子的需求,打开沟通的大门

每个孩子都有自己内心的想法,有自己关注和在乎的事物,抓

---

① 王梅.孤独症儿童情绪调整与人际交往训练指南[M].北京:中国妇女出版社,2009:8-15.

住孩子的兴趣点和需求,加上正确的引导,便能够起到很好的效果。有兴趣爱好的孩子更需要家长们格外注意。对孩子的兴趣不能随意扼杀,也许这个兴趣爱好就是能够打开与他心灵沟通大门的钥匙。

案例 3-13

我的孙子强强是一个自闭症患者,今年十多岁了,以前,每天早上上学,都是强强开门,他走前,我跟后。一天早上吃过早饭,我说:"强强,上学了。"于是,他背上书包往门口走,当我收拾好东西,穿好鞋准备出门时,发现他还站在门内,没开门。我说:"开门走啊。"这时他一不答应,二不开门。接着,我又催了一遍,他仍然不应也不答。这时,我有点生气了,便提高声音说:"再不走就迟到了,快走。"就在这个时候,他断断续续说出了四个字:"门——打——不——开。"此时此刻,我不仅一下子明白了他不出门的原因,而且这四个字使我感到十分意外和惊喜。因为,在强强的生活经历中,能主动表达自己的想法,这还是第一次。而且这四个字虽然简单,但这是他实实在在地与别人沟通的语言啊,他紧闭了多年的与外界沟通的大门,今天,终于打开了一条缝隙,这是多大的进步啊!我当时激动得用双手捧着他的脸,连声说:"对不起,爷爷早晨忘了把防盗栓打开,强强你太棒了!"

——强强爷爷

打开孩子沟通大门的经验

第一,必须读懂孩子的内心世界。对他们的各种需求、各种愿望、各种爱好,以及喜怒哀乐的规律等,都要了如指掌。只有首先走进了孩子的内心世界,才能把他带出自己的内心世界。

第二,必须抓住主要需求和愿望,并将其作为沟通的切入点。每一个孩子的需求和愿望有很多,但他在每一个时点上的主要需求和愿望却只有一个。这个主要需求是他的关注点,也是我们疏通开导的着力点。

第三,与自闭症孩子的沟通,要从他们的实际能力出发,由简单到复杂,逐步泛化。如果把难度、速度提得太高,就会损伤他们的积极性和自信心,往往适得其反。

父母还可尝试如下做法:

第一,让孩子进入自然的社会沟通之中。很多家长为了让孩子尽快学会交流,不断地提醒孩子去跟别人主动说话,孩子大多在家长的要求下说上一句,或是在家长代说后仿说一句。这时的孩子目光游离,不会等待对方的回应,有时甚至在这句话没说完时就跑掉了。这样的沟通不是交流,倒像是表演,其实生活中有很多交流的机会被家长忽视了。

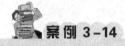

案例 3-14

早上起床后,家长自然地对孩子说:"早上好!"此时孩子大多会仿说:"早上好!"其实这句仿说不正是一句普通人沟通的表达方式吗?孩子长期生活在这种环境中,即使仿说是被动的,也会自然学会怎样与人打招呼。

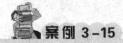
案例 3-15

当孩子用他不正确的表达方式表达了要吃饼干的要求时,家长通常不明白,只能靠猜。此时的家长不要抱怨,也不要有情绪,而是自然地问一句:"怎么了?"然后等孩子再表达一次,家长再猜。于是孩子又多了一次理解别人和表达自己的机会。

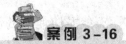
案例 3-16

孩子能用语言表达了,有时会说不清楚,或是不知道如何说,不能让对方听懂而无法交流,这时家长也是简单地说一句:"我没听懂,你再说一遍"或"你大点声说。"然后辅助他说,再满足要求。

第二,抓住孩子的兴趣点,培养沟通愿望。一个人有需要时才会有意愿去表达。家长只有创造出沟通机会,让孩子产生意愿,才能增进孩子交往的能力。

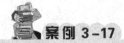
案例 3-17

家长把孩子喜欢的物品放在孩子的视线以内,但是孩子又够不到的地方。当孩子想要它时,就会有各种方式表达。如:跳着趴着够,拿工具够,或是拉妈妈的手去够。

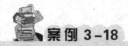

案例 3-18

家长在孩子面前吃他爱吃的食物。孩子想要就自然有意愿产生,也会有表达的过程。

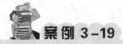

案例 3-19

在孩子喜欢做的事情上设一个障碍,让孩子自己无法完成,也会产生沟通的意愿。如孩子经常开冰箱拿食物,家长就在冰箱上加把锁。孩子喜欢看某个电视节目,家长提前把电视遥控器藏起来。

第三,在孩子有交流愿望时教会孩子如何沟通。自闭症孩子的社交障碍不仅表现在沟通意愿上,还表现在沟通技巧上。孩子缺乏这种能力,我们需要去培养他们的这种能力。

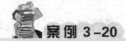

案例 3-20

孩子想要吃饼干时,妈妈每次给一小块,孩子就会又来要,这时家长可以教他各种沟通的技巧,如果孩子会说话,可教他说"妈妈,我还要",或是"妈妈,再给点吧",或是"妈妈,多给点吧",等等。如果孩子不会说话,家长可教他拉一下妈妈的衣角,或者把手心朝上伸到妈妈的眼前,或者用小手指着食物并用目光看着妈妈,等等。

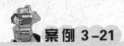
案例 3-21

孩子玩他喜欢的物品时,家长拿走这个物品,孩子就会向家长索取,家长可以顺势教他说"还给我","我还要玩"等,或是用手势、卡片或图画等形式表达诉求。

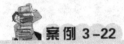
案例 3-22

孩子想出去玩时,让他先满足一个家长的要求才出去。顺势还可能教孩子讨价还价的本事。例如:妈妈扫完地就出去玩;妈妈扫完地,洗完碗就出去玩;等等。

语言不是交流的唯一工具

很多自闭症孩子都存在语言障碍,心急的父母会着力让孩子先学会说话,但是有时强行用语言教育孩子,与孩子沟通,只会事倍功半。语言不是和孩子交流的唯一工具,很多发育障碍的孩子在语言方面没有大的问题,能听懂人说话、看得懂文字,但是不擅长表达自我,或对某些事物有着独特的偏执,此时强迫孩子说话,会让他遭受更多的挫败,从而产生负面情绪。遇到这种情况,家长可以尝试用其他的交流方式来达到沟通的目的。自闭症孩子的视觉理解能力较好,我们可以尝试用直观的图片、手势、身体动作等和他们交流,打开沟通的渠道。

(1)图画和照片。可以在照片上标注名字,来让孩子进行记忆。也可以用图片来帮助孩子认知事物。同时也可以借助科技语音设备来辅助孩子沟通交流。

(2)动作。可以从孩子的动作当中,判断出他有什么需求,也可以给孩子卡片供其表达之用。

(3)记号。通过给物品标上"A""B"等记号,加以区分。①

图3-1　语言训练卡片　　　图3-2　语音沟通板

家长是自闭症儿童最好的老师,家长走多远,孩子就能走多远。默默无闻的陪伴与持之以恒的训练,虽然康复之路充满汗水,也弥漫着温情。

---

① 佐佐木正美著.解析儿童自闭症[M].张晗译.沈阳:万卷出版公司,2009:62.

 **拓展阅读**

了解自闭症儿童,走近自闭症儿童是每一个自闭症儿童家长需要认真研读的功课,正视他们,接纳他们更是每一个自闭症儿童家长应有的态度。在此向大家推荐一些相关书籍,让大家可以在阅读中去感受自闭症的世界,更深刻地体会到生命多样性的珍贵,进而珍视自闭症儿童的一切!

1. 张雁.蜗牛不放弃——中国孤独症群落生活故事[M].北京:华夏出版社,2007.

2. 陈瑞燕.寻心的旅程[M].北京:世界图书出版公司,2009.

3. 蔡春猪.爸爸爱喜禾[M].北京:新星出版社,2011.

4. 哈芬丹·费昂著.亲爱的加百列[M].杜红译.天津:天津教育出版社,2012.

5. 丹尼尔·塔米特.星期三是蓝色的:一个自闭症天才的多彩幸福人生[M].欧冶译.北京:万卷出版公司,2011.

6. 莫妮卡·霍洛薇·威尔斯著,胡绯译.别怕:被金毛猎犬寻回的世界[M].北京:中信出版社,2010.

7. 弗朗西斯·X.斯多克著.真实世界[M].陈静抒译.北京:中信出版社,2011.

第四章
成就自闭症

自闭症儿童作为一个特殊的群体,在语言、社会行为等方面存在一定的缺陷,但同时他们作为一个个生命个体也存在众多的潜能和发展可能性。如果我们能够通过康复训练弥补自闭症儿童的缺陷,同时从尊重和接受他们的特殊性出发,创造条件激发他们的潜能,自闭症儿童也能够实现自己的价值。

一、医治自闭症

(一) 什么药物可以治愈自闭症

目前为止还没有治疗自闭症的特效药和特效治疗方法,所以请勿相信各类神奇广告!不过对于自闭症的一些伴随症状可以使用药物进行缓解,例如,多动、攻击性、兴奋性、自伤等表现。

家长应注意治疗时药物的副作用,需要定期体检、复查。在为自闭症儿童选择某种治疗方法时,要注意确定其安全性,盲目尝试不仅会浪费许多精力和财力,而且有可能给孩子带来潜在的危害,甚至延误正确的治疗。必须谨记,无论采用哪种方法,一定要在有经验的医生的指导下进行,家长切勿仅仅根据一些信息和报道就擅自让孩子服用药物。

(二)自闭症儿童饮食需要注意什么

对于自闭症儿童来说,有些食物可能会加重他们的病症,所以在日常饮食中要注意尽量少进食以下食物。

(1)蛋白食物:由于自闭症儿童无法彻底分解牛奶中的酪蛋白,因此,要控制自闭症儿童不吃或尽量少喝牛奶。除此之外,鸡蛋、鲜奶蛋糕、奶酪、冰激凌、酸奶等食物也应该控制摄入。值得提出的是,由于牛奶等含有丰富的营养,因此在控制这些食物的同时,应注意补充各类替代品,如豆奶或蔬菜等。

(2)谷类食物:包括大麦、燕麦和黑麦等制成的食物,平时要尽量避免进食诸如燕麦片、黑面包、面食类(如馒头、包子、饼干)的东西。

(3)水杨酸盐食物:含水杨酸盐成分高的食物对自闭症患者有不良作用,会导致消化道的可透性增加,这些食物包括橘子、橙子、柚子、柠檬、番茄等。

(4)色素食物:无论是天然的色素还是人工合成的色素都需要硫酸盐,而硫酸盐有可能使自闭症儿童的症状恶化。这些食品包括巧克力、橘子汁、彩色泡泡糖等。

自闭症患者平日应多吃粗粮、绿叶蔬菜,这些食物有利于身心健康。

每个儿童禁食的食物不同,需要在医生的指导下进行,切勿盲目禁食!同时,要注意孩子的营养均衡。

(三)自闭症康复治疗的原则

表 4-1　自闭症康复治疗的原则

自闭症康复治疗的原则
1. 早发现,早治疗。治疗年龄越早,改善程度越明显
2. 促进家庭参与,让父母也成为训练的合作者或参与者
3. 坚持以非药物治疗为主,药物治疗为辅
4. 治疗方案应个体化、结构化和系统化
5. 治疗、训练的同时要注意患儿的躯体健康,预防其他疾病
6. 坚持训练,持之以恒

二、训练自闭症

(一)自闭症无法治疗怎么办

教育训练是促进自闭症儿童发展的最佳方法,是自闭症儿童康复的必由之路。对自闭症孩子的教育训练,开始得越早,康复效果越好。

(二)训练的意义何在

训练不能让自闭症患儿彻底痊愈,但对于自闭症患者各方面能力的改善所起的作用却是不容忽视的。自闭症儿童由于本身的发育障碍而失去正常、健康发展的内在能力,但并不意味着我们只能眼看着他们陷在自闭状态中而无计可施。

国内外几十年的研究和实践证明,自闭症儿童具有极强的可塑性,教与不教,教得是否得当,他们的发展方向是完全不同的。"好的方向"就是他们能够逐步具备社会适应、生活自理和与人交往的能力,在接受培训后能从事某项工作而达到生活自立。如果听之任之,则自闭症儿童很难随年龄的增长而逐步好转,相反往往会发展出愈加严重的情绪、心理、行为等障碍,无法被周围人甚至是家人所接受。而由于被他人排斥,自闭症儿童的挫折经历就会越来越多,这将进一步把他们推向更加自闭的状态。

(三) 训练需要多长时间

自闭症儿童的训练是一个长期而系统的干预工程,是一个复杂的过程,需要训练者具备丰富的经验和极大的耐心、恒心。并且对于自闭症儿童来说,在他们成长的全部阶段都应该也需要伴随有不同内容的康复训练,因此家长首先应该做好打持久战的准备,也要树立打好持久战的信心。只要坚持正确的训练方法,你就会发现孩子在不知不觉中学会了你以前认为不可能学会的东西,具备了你以前认为不可能具备的能力。

美国自闭症研究所所长瑞姆兰博士(一位家长,儿童心理医生)就曾经说过:"当你面对自闭儿时,要努力去感觉他这一段时间又学会了什么。"

一位已帮助自己的自闭症女儿成功地走上独立生活道路的德国母亲感叹说:"自闭症的孩子能走多远,只有上帝知道,我想知道的是,与昨天相比,我的女儿今天又学会了什么。"

(四)如何开展家庭训练

1. 家庭训练的目标、核心

自闭症是以社会性发展障碍为主要特征的精神残疾,也叫社会功能残疾[①],先天性的社会功能障碍导致自闭症患者的社会适应能力普遍偏低。因此,恢复和改善自闭症儿童的适应行为,提高其社会适应能力,既是自闭症康复训练的核心目标,也是衡量康复效果的主要评价标准。[②] 在对自闭症儿童进行训练的时候,训练的内容可以包括多个方面,例如语言训练、感统训练、认知训练、精细动作训练等,但是需注意的是,无论进行哪方面的训练,最终都要落实到自闭症儿童社会适应能力和生活能力的提高上,这一核心目标切不可偏废。

2. 家庭训练的内容

家庭是社会的最基本的单位,是社会的一个微小缩影。自闭症儿童要想能够独立地生活,就必须先学会适应和驾驭家庭这个小社会的能力。于是家长对儿童的训练也要从家庭训练开始,家庭训练

---

① 甄岳来,李忠忱.孤独症社会融合教育[M].北京:中国妇女出版社,2010.19.
② 甄岳来,李忠忱.孤独症社会融合教育[M].北京:中国妇女出版社,2010:18—20.

的内容主要应围绕自闭症儿童的社会能力展开,主要包括以下几方面。

(1) 生活自理

每个人的生活都是从照顾自己开始的,自闭症儿童也不例外。目前很多孩子生活自理能力偏低,而识字、数学、背古诗的能力相对高很多,主要原因是孩子在生活中学习生活自理能力的机会很少。家长须认识到一个人不识字也能照顾好他自己能活下去,而不会照顾自己即使会再多的学业

也活不下去。只要家长能意识到生活自理的重要性,把原本属于孩子的生活归还孩子,孩子就一定能学会自如地照顾自己。

自闭症孩子在机构接受训练时,老师会教孩子如何洗手,分几个步骤,老师演示,学生练习,家长辅助。这样的情景可能很多家长都经历过,可是却有很多孩子四五岁了还是不能自己把手洗干净,这是为什么?其实很简单,是孩子练习的次数不够,而孩子之所以没有得到充分的练习,是因为家长不给孩子机会。如果一个孩子一天吃三顿饭,两次加餐,去五次厕所的话,按照饭前便后要洗手的习惯每天有十次机会洗手,一个月就有三百次。如果家长把孩子的每一次洗手都当作训练,那么能力再低的孩子三个月也能学会了。而这样的技能会每天得到巩固和泛化,一旦孩子学会了,会长期固定

下来。

如果家长能把自家的生活节奏放慢,根据自己孩子的特点制定一个自理能力训练的计划,那么一步步地将自理的技能教给孩子是不难的。而这些机会也只有在家里跟家长生活在一起的时候才会有,利用好每一个机会,孩子会成为独立生活的人。

(2) 劳动技能

每个人的一生,都离不开劳动,劳动能创造价值,也能体现出自身的能力和价值。孩子的劳动基本上是做家务,一般的孩子会模仿大人而自发地做这些事情,但自闭症的孩子因为对外界的关注较少或是关注偏执而不能完整地接收外部信息,又因为他们不能很好地认知自己与环境的关系,于是没有学习做家务的意愿。家长要知道一个人除了能照顾自己之外,学会料理家事是生活中非常重要的一个能力,因此这也成了我们教导孩子的另一个重点内容。

案例 4-1

教孩子擦桌子。每次吃饭后拿走碗筷时,让孩子一起跟着去拿一块抹布回到桌边,然后把抹布平放在桌子上,小手放上面,用力向下压,沿着家长规定的顺序一下一下地擦过来。然后妈妈帮他把抹布收走,放回水池

里。做完这些后,妈妈高兴地表扬孩子懂事了,知道心疼爸爸妈妈了;或是长大了,有本事了,会做事了;或是由衷地感激孩子对父母的帮助,还可以给孩子一些喜欢的食物或玩具。这样的强化能调动孩子的兴趣,培养孩子的情感,让孩子快乐地参与到活动中。等孩子能参与了,家长再逐步地撤掉辅助,直至孩子能自己做。

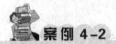
案例 4-2

教孩子叠衣服。孩子大些了或是能力强了,可以做些复杂的家务,例如叠衣服。开始时可以跟着妈妈做,比如妈妈在旁边叠,孩子负责放到箱子里,或是叠一些简单的毛巾之类的。之后可以让孩子完成叠衣服的最后三四个步骤。或者妈妈在旁边指导和监督孩子完成全过程。整个过程中妈妈要通过自己快乐的表情和语言调节气氛,让孩子在愉悦的氛围中工作。如果孩子能独立地叠好衣服,不仅可以减轻家长的负担,孩子也能从中得到乐趣。

做家务不仅能培养孩子劳动的技能技巧,同时能让孩子感觉到自己对于家长和环境的重要性,培养良好的心理素质。但是在这个过程中,家长需要让孩子清楚每件事情的流程,并协助他们更好地完成整个工作,获得成就感。

(3) 行为规范

自闭症孩子通常我行我素,行事时不会考虑他人和环境。每个人都要适应环境才能很好地生活,而自闭症孩子就显得与环境格格不入,也就很难融入现实的社会生活。家长为了孩子能融入社会可说是绞尽了脑汁,身心疲惫。殊不知建立良好的规则就是孩子进入社会生活的第一步。例如,在家里晚上不能弄出很大的声音,以免打扰邻居休息;出行一定要沿路的右侧行走;在电影院里不能大声说话;超市里的物品不能拿来就吃;公园的池塘里不能洗澡……我们只有遵守这些规则才能自由地生活。如果自闭症孩子不理解这些规则,也不懂得自己的行为为什么受到限制,他们就会有情绪和行为的问题发生,将更加阻碍他融入社会生活。

家长在生活中一定要把这些规则认真梳理一下,然后分步教给孩子。在教的过程中最重要的是家长自己首先遵守规则,如每次带孩子出门走路时都靠右侧行走,如果有人行道则一定在人行道上走,需要过路口时宁可多走些路也一定要走人行横道。开始时可以带孩子一路走一路讲解:"我们要……"后来可以转换成用第一人称描述:"要过路口了,我得找找人行横道在哪里……哦,在那里,我去那边过路口……再坚持下,马上就到了……到了,从这里过马路……红灯,我等一下……绿灯了,我走了……哈我走过来了。"不断地提供动作示范的辅助,同时也利用自闭症孩子的刻板和机械模仿,让孩子增强自我意识。等孩子理解了规则,就可让孩子带着妈妈过路口,孩子在弱势妈妈面前会找到自信。最后是孩子自己能过路口。之后还可以教孩子提醒妈妈如何过路口,以增强孩子关怀别人的情感和责任意识。

孩子一旦建立了行为的规范,就能适应生活环境了。但是在孩子建立规则的过程中家长如果不能一贯坚持自己的原则,在中途不经意间违反规则,就必须马上纠正,不然孩子的认知会混乱,孩子不能像成人那样分清诸多场合,也搞不清楚到底应该怎么做,这样家长很多的努力就会看不到结果。

(4) 人际交往

人际交往是自闭症的核心障碍,也是家长最关心的问题。人是社会性的动物,只有能够完成与环境、与他人的互动、合作,才能顺利享受社会生活。而要培养人际交往的能力,并不是把自闭症孩子放在人群中就能解决问题,而是必须通过示范、指导以及多次的演练才能提高孩子的人际交往能力。

家长可以尝试从以下几个方面入手来发展自闭症儿童的人际互动能力。①

第一,引导、鼓励孩子多对周围环境进行观察。家长可以带着孩子在游乐场观察别的小朋友在做什么,并在一旁说明小朋友的动作和表情。如,"你看,那个小妹妹摔倒了,在哭呢","这个小弟弟在吹泡泡,好好玩"。

---

① 古玉娇等.手拉手,我们都是好朋友[M].台北:第一社福基金会,2004:54.

第二,示范、带领、鼓励孩子和其他小朋友一起玩,建议先由肢体游戏开始。如,带着孩子和其他小朋友一起玩追逐的游戏,牵手转圈圈等,最好选择自闭症儿童比较感兴趣的游戏活动。

第三,多做能促进孩子模仿以及玩有互动的游戏。如,玩躲猫猫、手指歌、跷跷板、来回滚球,以及挠痒痒等。在这个过程中,家长可以故意漏拍或者延迟反应,等待自闭症儿童的"催促",如眼神的接触等,以强化互动的效果。

第四,协助孩子玩扮演性游戏。游戏的选择可以从实际的物品以及与孩子生活经验相关的活动开始。如,帮娃娃洗脸刷牙、看医生、购物、剪头发等活动。可以先扮演家长或其他熟悉的人,然后再发展到熟悉的故事或卡通人物。

(5) 角色认知

每个人都是社会中的人,在社会各种场合间变换着不同的角色。比如在家是孩子,到了超市是顾客,到了学校是学生,到了电影院又是观众了。每个社会角色都有不同的责任和行事规则。这些对于一个自闭症孩子来说无疑是个挑战,家长不要急于求成,而是要耐心引导。比如在家里是孩子,除了孝顺父母外,他还是这个家庭的一个成员,所以对这个家要承担一定的责任。最简单的就是让孩子承担一部分家务,比如将家里的鞋子摆放整齐,或是把家里的垃圾定时放进小区里的垃圾桶,或是饭前摆放碗筷等。让孩子坚持做一件家务事,时间长了,他就会从心里惦着这项工作,并且主动做好它,这样孩子的责任心也就培养出来了。

每个角色都要有应尽的责任和义务,这就是对角色的认知。在家里要为这个家服务;在学校要为班集体争光;在超市要把自己拿过的商品放回原位;在电影院则要管住小嘴巴不大声说话……家长不用一味地强调应该怎么样,不该怎么样,而应该从自身行动出发,给孩子以好的行为示范,让其理解不同环境下行为的变化,并在适当时机加以引导,这样孩子对于环境的变化,对于角色的认知就会逐渐得到提升。

(6) 情绪认知、表达和调节

自闭症的孩子大多有情绪情感的障碍,由于不会表达,往往会借助不恰当的行为来进行沟通。有时可能用一个行为来表达多种诉求,如用哭来表达生气、饥饿、疼痛等多种负面情绪;或者用多个行为来表达一种诉求,如哭闹、摔东西、尖叫都是在表达"妈妈你看看我,陪陪我"的意思。

家长需要帮助孩子认知自己的情绪,并且学习如何正确地表达自己的情绪,以及如何调节和控制自己的情绪。比如:小孩子想要某一物品,由于表达不合适,妈妈不知道孩子的意思就需要去猜,在猜的过程中,孩子急了,开始尖叫打头,这时妈妈也猜到了。如果此时妈妈满足他,就会让孩子认为尖叫和打头是正确的表达方法,只要这样做,妈妈就能满足自己的要求。所以当下次再不高兴了,得不到满足了,孩子自然就会再出现这种行为,甚至是愈演愈烈。恰当的做法是,当家长猜对了孩子想要的物品后,应该把物品拿起来,让他看到,不急于给孩子,当孩子安静一些时教他如何表达(如用手指给妈妈看或是借用一句恰当的语言),然后才拿给

他。这样孩子在这个过程中感受到了只有在安静的时候才会得到想要的东西,并且学会了正确的表达方式。

(7) 思维认知水平

认知和思维的发展水平对自闭症儿童的发展至关重要。自闭症儿童的社交障碍,虽然不能靠提高智力解决核心问题,但是智力发展受限会导致社会性能力更低。所以提升自闭症孩子的智力、认知和思维能力尤为重要。

在思维能力的培养方面,培养孩子分析、概括和推理的能力十分重要。当孩子认识了某一个杯子,就可以泛化到大小不同、材质不同、颜色不同、样式不同的别的杯子,直到孩子见到任何一个杯子都能认识。例如,孩子见到一个他不认识的小锅,看了又看、想了又想之后,他说:"这是杯子。"家长不要认为孩子错了,其实此时的孩子尽管没有说出正确答案,但是他的头脑中有了思维的过程,他通过自己对各种杯子的认识,概括出一个概念,当遇到一个对自己有困难的问题时,用自己的已有经验来思考解决了这个问题。

家长除了教孩子认知物品及物品的特征以外,应尽量多教孩子与物品有关的情节,及情节间的联系。例如,孩子穿了一条新裙子,家长在教孩子认识裙子的特点以外,可以教与这条裙子有关的可能会发生的事情。如果裙子脏了,教孩子理解裙子是怎么脏的?裙子脏了如何做?这样就把新裙子、裙子脏了、裙子脏了如何做三个情节联系起来。孩子接触多了,就能学会用这种方式来解释自己的生活了。

3. 常见的家庭训练活动

生活自理类——穿(脱)衣裤、穿(脱)鞋、洗脸、刷牙、洗澡等。

家务劳动类——摆放碗筷、收拾餐桌、倒垃圾、拖地、洗衣服等。

社会活动类——商店购物、乘坐公共汽车、走访亲戚、游乐场游玩等。

业余爱好类——听音乐、画画、游泳、打篮球、溜冰、骑自行车等。

人际沟通类——同伴游戏、打电话、传话转述等。

把生活归还给孩子,把机会留给孩子,孩子在成长过程中就能潜移默化地学会生活的能力。孩子只要学会了这些技能,他就能自己处理自己的事情,他的自信心和责任感就会越来越强,而当孩子能应对自己的生活之后,家长的生活也会轻松很多,能够在生活中逐渐找回自己。

在开展以上家庭活动时,家长需要有意识地把生活自理、劳动技能、行为规范、人际交往、角色认知、情绪表达、思维训练等内容融入家庭活动中,在自然的情境中对自闭症儿童的各项能力进行训练。下面以案例 4-13"商店购物"为例进行说明。①

案例 4-3

商店购物

(1) 活动目标

① 社会技能:训练孩子购买日常用品。

② 社会认知:认识商店特征、内部环境和服务功能。认识售货员、顾客的角色。

③ 训练思维能力:了解商场里货物的类别。简单认识货币面值,按照价格支付货款。

④ 训练行为规范:不在商场内大声喊叫,不乱动商场中的物品,知道排队等候。

⑤ 训练语言表达:询问物品在何处,知道询问物品的价格。

(2) 活动准备

① 准备好面值不等的钱币。

② 如果可以,请事先与售货员沟通好。

---

① 甄岳来,李忠忱.孤独症社会融合教育[M].北京:中国妇女出版社.2010:127.

③ 知道孩子最喜欢的食物。

(3) 活动过程

① 等孩子喜欢的食物没有了或者将食物故意藏起来,让孩子知道自己喜欢的食物没有了。

② 当孩子想吃的时候,问其怎么办?(孩子小的时候要明确告诉他去商店买,然后逐渐地让其自己回答)。

③ 找到一家附近的商店(开始的时候妈妈/爸爸告诉他去什么地方买,后来逐渐地让孩子领着父母去商店)。

④ 进商店购买自己喜欢的食物(开始时可以与售货员沟通将食物放在很显眼的地方,之后逐渐地将食物放到孩子看不到的地方引导孩子向售货员询问)。

⑤ 付款(开始的时候要给孩子等额的钱币不需要找零,后来逐渐地给其不等值的钱币让其学会找零)。

(4) 活动注意事项

① 激起孩子购买东西的热情,这就需要用孩子最喜欢的食物(东西)做"诱饵"。

② 过程要由简单到复杂。

③ 对孩子的指导要逐渐减少,直至最后孩子能自己购买。

4. 家庭训练要注意的误区

(1) 重视"形式化教育",缺乏"功能性训练"

"形式化训练",是指为"训练而训练",训练内容脱离自闭症孩子实际生活所需要的实用知识和技能。"功能化训练",将与自闭症儿童实际生活直接有关的实用知识、实用技能作为主要训练内容,强调训练过程的生活化和活动化。[①]

以训练孩子的手部精细动作为例:

重复串珠的方式是形式化训练;而练习穿衣服、扣扣子、系鞋带、使用筷子是功能性训练。用剪刀重复地剪纸条是形式化训练;而让孩子用剪刀剪开食品包装袋,并取出食物是功能性训练。

对自闭症儿童进行训练的目的是使他们能够以正确的方式思考和解决生活中的实际问题,所以教育和训练活动应该多结合生活实际,特别是在现实生活中开展,而不是为了训练而训练。

(2) 重知识技能,缺乏情感引导

家长有时不顾孩子的兴趣和爱好,将孩子不喜欢的训练形式和内容强加于孩子。例如:一味要求孩子"完成多少个动作"、"画多少条线"等,而忽视孩子是否理解为何要这么做,以及是否喜欢这些活动安排。自闭症儿童的兴趣、爱好较为有限,在训练过程中不要强行改变孩子,有时需要顺着孩子的兴趣爱好走,因势利导慢慢达到训练目的。

[①] 甄岳来,李忠忱.孤独症社会融合教育[M].北京:中国妇女出版社,2010:56.

在对孩子进行康复训练的过程中,家长应该首先鼓励孩子自发性的行为,带着他去观察和探索不同的事物;对于孩子特殊的兴趣,也应该给予尊重,然后再进行引导改变,如:对于喜欢排列汽车的孩子,可以教他用积木搭建停车场,再将车子依序排入停车格中。在这个过程中,需要家长积极耐心地引导。如果有一方在这个过程中处于紧张、焦虑的状态,另一方势必也无法放松,全身心投入,当然也不会收到良好的效果。由于自闭症儿童不能自主地调节互动氛围,家长必须能够控制好自己的情绪,用亲切平和的心态与孩子互动。家长只有投入更多的积极情感才能引导孩子在训练过程中情绪平和放松,才有机会发展认知能力,增进亲子感情。

(3) 重知识训练,轻思维训练

有些家长一味追求自己的孩子认识了多少汉字,学会了多少英文单词,会几位数与几位数的乘法,却忽视了这些知识在日常生活中的应用,忽视了孩子思维能力的训练。如,家长问孩子"拿别人的东西要说什么?"孩子会回答"借我玩"。但是在平时生活中孩子仍然随意拿小朋友正在玩的玩具,不会征求对方的同意。又如,孩子会写作业单上的数量配对连连看,但是问他有几只手却回答不出来。

自闭症儿童抽象思考和类化知识的能力存在严重缺陷,因此在日常的训练活动中,家长应着重加强孩子的思维训练,引导孩子更多地进行事物与事物之间的关联联系训练,进行物品的分类规整的活动,扮演不同职业的人物等。在思维能力的训练中,要有针对性、系统性和计划性,家长也可以根据孩子的兴趣创设一些孩子喜欢的游戏,提升孩子的思维能力。

> **知识拓展**
>
> **自闭症家长十戒**[①]
>
> 一、戒急躁:自闭症属于发展障碍,短期内很难取得良好的效果。
>
> 二、戒盲从:自闭症儿童个体差异大,适合别的孩子的方法不一定适合自己的孩子。
>
> 三、戒猛:训练要一步一个脚印,不可急于求成。
>
> 四、戒慌:要做到正确分析别人对孩子的评价或评估,自己心中有数。
>
> 五、戒堵:对于孩子个别的怪异、持续性行为要认真观察,深入研究,因势利导。采用"投其所好"的方法进行教学,从孩子的兴趣"下手"教。聪明的妈妈一定会找到开启自己孩子那把开锁的钥匙。来硬的没用! 只会两败俱伤。
>
> 六、戒骄:对于孩子的进步、特长要正确对待,密切观察,切不可沾沾自喜或认为万事大吉,因为成长是一个过程。
>
> 七、戒气馁:当进行了大量的训练,耗费了大量的精力却没有任何进展的时候,不要气馁,不要灰心。因为"腊梅花"开的季节还没到呢!

[①] 荆门市自闭症互助协会.家长十诫[EB/OL]. http://www.jas.org.cn/edu/2012-08-19-131.html

八、戒僵化：教得苦，不如教得巧，记得曾经偶遇一个叫恒毅的小朋友，在无数次的"感统冲滑板"中，总也不能打开手臂。说来也巧，一次无意中我轻声说了一句："毅仔变成小飞机喽。"小家伙轻轻一笑，一个标准俯冲就到了训练师面前。类似例子举不胜举，只是有时候你会很快就找到那个点，有时要摸索很久。总之要有计划，有步骤地来，如果一个点很久都"攻"不下来，不妨先放一放，换一下其他项目。

九、戒呆：其实孩子确诊后大部分家长一定读了许多专业书籍，什么"ABA"教法、"结构化"教法、"地板时光"、"快乐游戏"……然后就开始一步一步，一本本开始教孩子。其实没必要，只要大概了解一下这些基本原理，将其灵活地体现在真实的生活中、人际关系中教孩子就行了。生活中点点滴滴都是教孩子的契机！

十、戒冷硬：当家庭关系不和谐时，应尽快调整家庭的气氛，大家统一认识，以积极的心态去面对。良好的家庭氛围对孩子的帮助是潜移默化的！

三、干预自闭症

在自闭症儿童具体的干预技术方面，常包括感觉统合训练、结构化教学、应用行为分析、图片沟通系统等，这些干预技术根据自闭症儿童存在的缺陷和他们的认知特点进行设计，能够促进自闭症儿童的发展，帮助自闭症儿童较好地掌握信息交流的技巧、理解周围的环境等。家长在使用这些方法时,要注意干预技术只是干预的手段,并不是干预的全部内容,可以在日常的家庭活动中,融入这些干预技术,从而帮助孩子全面地提升能力。

(一) 感觉统合训练

感觉统合理论是由美国南加州大学的艾尔丝博士于1969年首先系统提出的,指人体感觉器官(眼睛、耳朵、鼻子、舌头、皮肤等)从环境中获得不同的感觉信息(视觉、听觉、味觉、嗅觉、触觉等),将其输入大脑,大脑对输入的信息进行统合、分析,并作出适应性反应的能力。

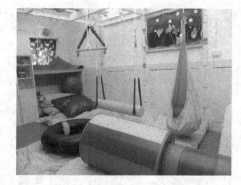

例如,剥橘子时视觉使我们知道它是黄色的(成熟的橘子)、圆形的,触觉使我们知道它有粗糙的外皮和多汁的果肉,嗅觉告诉我们它有芬芳的气息,味觉告知我们它是酸酸甜甜的,用手掂它的重量时,运动觉告诉我们它沉甸甸的。综合了这些客观的感觉,才能形成对橘子整体的知觉,孩子通过这样的认知,知道橘子是圆的,可以当球玩,它沉甸甸的,如果砸到人可以使人感到疼痛,也知道它多汁可口,可以解渴。

1. 感觉统合失调有什么表现?

　　本体感觉失调　喜欢他人用力推、挤、压。

	动作模仿不到位,力度控制能力较差,常会因太用力而损坏玩具或因力度太小抓不住东西。
	速度控制能力较差,跑起来难以按指示停止。不惧危险,喜欢到高处。
前庭感觉失调	喜欢自转,持续转很长时间都不头晕,而且喜欢看、玩转动的东西。喜欢高处,边走边跳。平衡能力差,走路东倒西歪,经常碰撞东西。
听觉系统失调	不讨厌、甚至喜欢尖锐刺耳的声音;对巨大的声音反应差,甚至无反应。
	对别人的话听而不闻;喜欢无端尖叫或自言自语。
触觉系统失调	偏食,暴饮暴食;喜欢吮吸手指,咬指甲。特别喜欢某些活动,如:玩沙,玩水,刮东西。拒绝使用一些质地不同的东西,如:胶泥、糨糊等。

　　感觉统合训练是指基于儿童的神经发展需要,引导儿童对感觉刺激作适当反应的训练,此训练提供前庭(重力与运动)、本体感觉(肌肉与感觉)及触觉等刺激的全身运动,其目的不在于增强运动技能,而是改善大脑对外界各种信息的整合能力。

2. 在家如何开展感统训练

表 4-2 在家可进行的感觉综合训练

本体感觉	凡是身体需要出力气的活动,都是本体觉活动。所以带孩子去大卖场时,可以由孩子负责提篮子(内置物品重量不能过重);需要出门时,走2~3层楼梯让身体活动量增加;让孩子做一些简单的家务事,如:擦桌子、擦地板,让孩子全身出力来获得本体觉刺激
前庭感觉	还不会走的婴幼儿,可由两个大人用毯子造成摇摇床,让孩子躺或趴在其中摇晃;把棉被和枕头弄成小山坡,让孩子爬上去再翻滚下来;利用安全的桌椅及家中较空旷的空间,让孩子钻爬(注意安全设施的铺排)。若孩子已经会走会跑,可带孩子到外面玩一些简单游戏(如:折返跑);也可以利用小区内的资源(如:滑梯、秋千、跷跷板等),让孩子充分获得活动的机会,从中获得刺激
视觉系统	视觉功能正常的幼儿,接下来就是配合认知发展视知觉,包括:在一堆物品中找出指定物(如:找出自己的鞋子)、苹果切开和完整苹果的配对、简易迷宫游戏、在卡片中一定的位置上盖章/贴贴纸等
触觉系统	幼儿的皮肤需要体验不同的触觉,只要是安全的,可以让幼儿接触不同材质的物品,包括:粗糙的、柔软的、硬的、温温的、冰冰的、黏黏的等。若孩子3岁以上了,可以让孩子试着只靠触觉找东西(必须是用视觉已会辨认的物品),通过这些活动加强孩子触知觉敏锐度
听觉系统	让幼儿练习将听到的声音和发音物做配对,如:抽水马桶的声音、水龙头的声音、吹风机的声音、乐器的声音等①

---

① 在家也可以做感觉统合训练[EB/OL]. http://www.guduzheng.net/2012/02/006771.html

(二) 结构化教学(TEACCH)

自闭症儿童对非口语信息(面部表情、手势动作)理解较差;他们在学习中听不懂、记不住较为复杂的内容,理解不了老师讲的内容;同时他们的听觉学习能力较差而视觉学习能力相对较好,他们对看到的东西比听到的东西更容易理解。结构化教学法就是根据自闭症儿童在语言、交流以及在感知觉、认知行为等方面存在的缺陷进行有针对性的教育。其基本思想是把教学空间、教学设备、时间安排等做系统安排,形成一种模式,使教学的各种因素有机地形成一体,全方位地帮助自闭症儿童学习。其核心是增进自闭症儿童对环境、所受教育及训练内容的理解和接纳。

表 4-3 TEACCH 的四个要点

以个体为中心	父母共同参与
自闭症儿童之间个体差异很大,所以在使用任何方法的过程中都需要根据每个儿童的特点来进行调整,TEACCH 也不例外,在使用 TEACCH 时,家长要能够根据具体情况进行调整,切记套搬。	在家庭中使用 TEACCH 对自闭症儿童进行训练时,家长需要积极参与,父母要仔细观察孩子的行为,一旦出现意外,积极寻求专家指导。
关注孩子的未来	理解、包容孩子
不只关注目前存在的各种问题,还要为孩子的将来打算。时刻注意培养孩子在没有父母、亲人帮助的情况下自立生活的能力。	自闭症孩子并不是包袱,并不是一无是处。父母要正确认识孩子的缺陷、不足,发现孩子的优点、长处,采取正向鼓励的方法促进孩子成长。

结构化教学由五个部分组成：视觉结构、环境结构、常规、程序时间表和个人工作系统。

1. 视觉结构

由于自闭症儿童视觉学习能力较强，所以将学习环境、学习材料及工作程序作适当的安排，使自闭症儿童只用视觉就能明白和理解学习要求。主要包括以下三个部分。

（1）视觉清晰显示：就是把学习中重要的资料或物件清晰显示出来，以便于儿童辨认。例如，为使儿童能较容易地看到并辨别出自己的座位和放置个人用品的地方，我们可以在他们的椅子上或个人用品橱上贴上不同颜色（根据儿童的喜好来选择）的纸，上面贴有他们的照片或写有他们的名字。这样儿童就可以自己找到自己的位置，而无须他人引导。

（2）视觉组织：由于自闭症儿童做事刻板，他们喜欢按照固定的程序开展活动，所以可以有序地组织安排活动，使他们能了解自己的活动地点、活动所需物品以及活动步骤等，这样可以使儿童顺利完成所学内容。例如，要达到儿童清扫地面或擦拭桌子的目标，

就把儿童要清扫的那块图用线条划分成四小块,然后让儿童按照1、2、3、4的顺序清扫,这样他们就不会感觉无从下手。

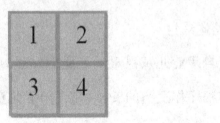

（3）视觉指示:利用文字、图片把要完成的工作安排成为一个程序,说明工作的内容及步骤,以便儿童按照指示去完成工作。例如,将洗手的步骤用图片呈现出来。这样自闭症儿童在洗手的时候就能够按照步骤来,长此以往,即使没有图片引导,他们也能独立完成洗手过程。

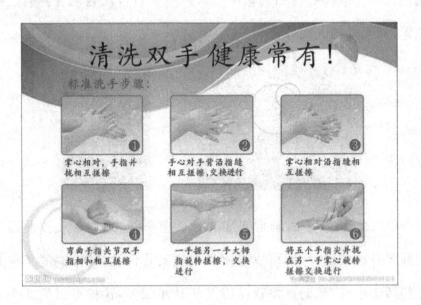

2. 环境结构

环境结构就是用清晰的界限为儿童划定不同的活动和学习空间,以便儿童了解在什么样的环境下开展什么样的活动。例如,在家庭生活中,为了培养自闭症儿童良好的生活习惯,家长可利用纸条、文字和图画标出儿童的活动范围和放置个人用品的地方,并引导他们按要求做。这样,儿童会慢慢了解家中哪些地方可以玩,哪些地方不可以去,他的学

习用品、玩具、衣服应从什么地方去取,用完后再放到哪里。

3. 常规

常规就是日常生活和学习的习惯及规律。它可以帮助自闭症儿童建立起有意义及有秩序的行为习惯,有利于他们的学习和建立

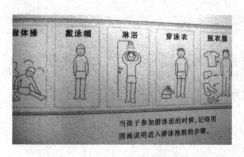

为人接受的良好行为。建立常规包括:先后、由上至下、由左至右、完成概念、检查时间程序表,以及根据程序表工作。建立常规能帮助孩子做事情有顺序并且有始有终。例如,上图①为孩子要进入游泳池前的常规,从左至右分别为做体操、戴泳帽、淋浴、穿泳衣、脱衣服,只有在完成这

---

① 佐佐木正美著.解析儿童自闭症[M].张晗译.沈阳:万卷出版公司,2009:75.

些项目后,孩子才能够进入泳池进行游泳训练。

4. 程序时间表

程序时间表就是对儿童的每日或某段时间中所进行的活动,以及这些活动的先后顺序进行清楚明确的安排,程序时间表能够使自闭症儿童明白在什么时候进行什么活动,一项活动结束后下一项是什么活动。这样儿童就能按照程序表自行开展活动而无需他人提醒。

5. 个人工作系统

个人工作系统包括儿童要完成的工作是什么,工作量是多少,工作完成后会怎样等内容,其目的是帮助自闭症儿童建立开始工作、继续做下一项工作、完成工作的概念;帮助儿童形成按顺序工作的习惯(由上至下或由左至右的顺序),从而在有固定规律的模式下学习或完成任务。

结构化教学的目的是帮助儿童按照事件的先后顺序和逻辑结构来完成工作,通过视觉化的提示不断提醒自闭症儿童工作进展情况,帮助自闭症孩子较好地理解环境和理解工作。在结构化教学的过程中,家长也需要注意融入多元化的教学方式,结合其他康复策略来综合使用,全面提升儿童能力。如在结构化教学情境中提供练习语言与社会技能的情境,逐渐改变常规或程序时间表来提升孩子的适应能力和变通能力等。

(三) 应用行为分析矫正不良行为

应用行为分析(Applied Behavior Analysis,简称 ABA)方法是 20 世纪 60 年代由美国南加州大学洛杉矶分校的心理学教授罗瓦斯(Lovaas)系统研究并将其引入自闭症及其他发育障碍的治疗教育中。这种方法主要针对儿童的不适当行为,比如,自伤、攻击他人等。ABA 被认为是自闭症最有效的干预方法之一,尤其是在改善不良行为,建立新行为、学习新技能方面效果明显。

日常生活中我们经常会见到下面的例子。

案例 4-4

妈妈带着孩子逛商店,突然孩子看到自己喜欢的玩具要买,妈妈说家里已经有这样的玩具了不能买了,但孩子还是坚持,妈妈还是不给孩子买。这时孩子躺在地上,大喊大叫,引来了其他人的注意,结果妈妈为了不让孩子继续哭

以免自己"难堪"就给孩子买了玩具,从此之后,孩子一想要喜欢的东西时就会大哭大闹。

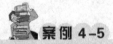
案例 4-5

当孩子与爸爸一起逛商店时同样的问题也出现了,但爸爸坚决不理他,并说:"我要回家了,你回不回?要是不回的话你一个人在商店哭吧!"然后爸爸头也不回地走了,看到爸爸走远了,孩子站起来跑着追上爸爸一起回家了。

其实上面的两个例子无形中就使用了 ABA 方法,因此 ABA 并不是多高深的理论,而是扎根于我们的生活中,出现在我们日常的行为中,只要了解其基本原理,在解决孩子的行为问题上就会事半功倍。

1. 功能分析(ABC)——ABA 矫正不良行为的前提

所谓功能分析,简单地讲就是孩子出现这样的行为,其目的是什么,是想得到什么还是想逃避什么?这需要家长在日常生活中多观察、多思考。通过分析行为的前事、行为本身以及行为结果来发现孩子行为的功能是什么。

A(Antecedents)——代表前事,是行为发生前的情况。

B(Behaviors)——代表行为,是行为的表现形式。

C(Consequences)——代表结果,是行为发生后的结果。

表 4-4　行为功能分析表

日常生活中的前事（A）	孩子易出现的行为（B）	行为结果（C）
1. 行为出现的环境：家庭、学校还是大街上？ 2. 行为发生前谁在场 3. 行为发生前孩子在做什么 4. 行为发生前环境物理条件（热、嘈杂等） ……	大喊大叫 自伤、攻击他人 摔东西 ……	1. 行为出现后发生了什么 2. 行为出现后您做了什么 3. 行为出现后，别人做了什么 4. 行为出现后，孩子得到了什么 5. 行为出现后，孩子逃避了什么 ……

我们分析下面的两个例子。

案例 4-6

行为的前事（A）：商店、妈妈……

孩子出现的行为（B）：躺在地上哭闹要玩具

行为的结果（C）：妈妈给他买了玩具

案例 4-7

行为的前事（A）：商店、爸爸……

孩子出现的行为（B）：躺在地上哭闹要玩具

行为的结果（C）：爸爸坚决不买，然后离开商场

通过分析这两个例子我们可以看出孩子之所以躺在地上哭闹是因为他想要玩具,案例4-6中妈妈因退缩了而给孩子买了玩具,等于是强化了孩子的行为,那么以后孩子想要什么东西就会大哭大闹。在案例4-7中,孩子也是想要通过哭闹的行为获得玩具,但是爸爸坚决不给并自行离开,实际上使用了消退的方法来减少孩子的行为,那么今后孩子类似的试图通过哭闹获得想要东西的行为会减少甚至不再出现。

孩子在日常生活中出现问题行为的主要目的有哪些?

(1) 追求感觉上的刺激。例如有的孩子特别喜欢玩水、玩沙子,甚至咬手、打头等。

(2) 减少疾病痛苦。自闭症孩子的表达能力差,当他们身体不舒服的时候,他们可能通过问题行为来缓解疼痛。

(3) 以逃避为目的。逃避上学,逃避自己不喜欢的食物。

(4) 获得某个物体。如,想要玩具、想看电视等。

(5) 吸引对方注意。如妈妈在做家务,孩子一个人玩无聊,他就摔东西,吸引妈妈来跟他说话。

2. 矫正自闭症儿童不良行为的方法

(1) 强化:强化分为正强化和负强化,正强化是指当孩子出现好的行为时,给予他奖励,那么以后他类似的好的行为就会增加。负强化是指当孩子出现好的行为时,把他不喜欢的刺激移去,今后孩子好的行为也会增加。例如,当孩子不再打自己头时,就把绑在他手上的胶带拆掉。

（2）隔离：简单地说，隔离就是当孩子出现不适当的行为时，让他单独去一个小的、陈设简单的、无法产生强化效果的地方，这是惩罚的一种，对于那些在团体活动中故意捣乱或不遵守纪律的孩子，可以采用这个方法。如案例 4-8。

小明是一个个性很强的孩子。每当妈妈要他做什么时总是反抗，并且故意做些相反的事。妈妈用惩罚的方式（包括打、骂）无效、爸爸一度用讲理的方法也告失败。他们只好寻求专家的协助学习如何运用别的方法，如每当小明不听话时必须在卫生间里单独站一会儿。如此简单的方法，不仅很快减少了小明的反抗行为，并且增进了小明在类似情况下与父母沟通的行为。

（3）消退：消退原理可以有效地用来减少或消除儿童的许多不良行为，例如，当儿童以无理取闹的行为来获得关注时，可以对儿童采取不理睬的态度，那么今后儿童的类似行为会相应减少。在上面的那个例子中，当孩子在商场哭闹着要买玩具时，爸爸坚决不给他买，并且独自离开就是对小明无理哭闹的消退，结果小明以后在爸爸面前出现类似问题的行为减少了。

在运用 ABA 的过程中，行为的功能是一个关键的分析因素，家长需要认识到不同孩子的相同行为有可能具有不同的功能，并且同一个孩子的相同行为在不同的场景下有可能具有多种功能,所以需要家长仔细地去分析,找到行为发生的起因,积极地改变孩子所处的环境,避免问题行为的再次发生,或者教会孩子正确表达需求的方式来代替不良行为。如,孩子总是喜欢用哭闹来获取大人关注,那么在孩子不哭闹时,家长应该多给予孩子关注,以满足孩子的情感需求,或者教孩子以语言表达"妈妈,来陪我玩"或其他沟通方式来代替哭闹。

(四) 图片沟通交换系统(PECS)

图片交换沟通系统,是一套专门训练自闭症儿童与人沟通的系统,它主要是针对自闭症儿童语言表达能力差而设计的,它的特点是依儿童的程度分阶段实施训练,让自闭症儿童使用图片辅助沟通[1],以达到提升自闭症儿童沟通意愿的目的。

图片交换沟通系统的六个阶段如下图所示:

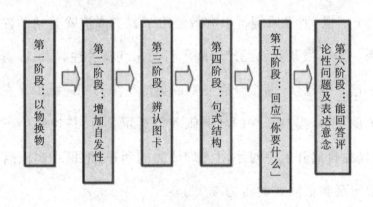

---

[1] 佚名.运用"图片交换沟通系统"改善自闭症学童的沟通能力[EB/OL]. http://www.guduzheng.net/2008/12/19329.html

第一阶段:以物换物。

此阶段目标是希望儿童建立出一个沟通的基本模式。当儿童想要某一个眼前的物品时,能够拿取面前画有该物品的图卡,交到家长手中,以换取喜欢的物品,或者是在提示者的协助下完成图卡换物的工作。家长在训练时应避免口头提示,以免对儿童的选择产生干扰。在这一阶段中,儿童面前的图卡仅有一种,即儿童想要的物品。在

训练过程中,图卡可以进行不同的变换,同时提示者和沟通对象也可以时时变换。

第二阶段:增加自发性。

此阶段的目标为增加儿童沟通的自发性。儿童要自行走向附近的沟通板,拿起图卡,找到家长(或沟通对象),将图卡放在家长手中。作为提示者的家长角色可以在这个阶段逐渐淡出。

第三阶段:辨认图卡。

当儿童建立起沟通模式并提高了沟通的自发性后,可以学习辨认图卡。儿童想得到某一物品时,他要走向沟通板,在众多图卡中取出正确的图卡,走向家长,把图卡交到其手中。家长可逐渐增加图卡的数量,让孩子辨认。例如,当儿童想吃某一水果时,他需要从众多的水果图片中挑选出自己想要的水果,随着儿童能力的提高,逐渐增加卡片,将各类蔬菜卡片混入水果图片中让儿童辨认自己想

吃的水果。在这个阶段家长有时可以故意给错儿童想要的物品,这样能提高他们的辨别能力,同时也能提高他们的自信心。

第四阶段:句式结构。

当儿童学习了一定数量的图卡后,可以开始学习组织句子了。当儿童想要得到某件东西时,他要走到沟通板处,拿起"我要"图卡,贴在一个小板上,再拿起物件图卡,贴在"我要"图卡之后,然后将小板交到家长手中换取自己想要的东西。

第五阶段:回应"你要什么?"。

当儿童对使用图卡表达意愿运用自如以后,可以学习回答"你要什么?"的提问了。家长可以运用延迟提示策略来训练儿童,最初提出问题后可以立即提示,以后可以视儿童的表现逐渐延迟提示,到最后当儿童可以自行响应问题,家长便不用提示了。

第六阶段:能回答评论性问题及表达意念。

当儿童掌握了上述阶段的目标后,可以学习回答评论性和描述性的问题,例如"你要什么?""你看到什么?"和"你听到什么?"等。在这阶段,儿童已经不只表达个人需要,更学会了对事情和环境作出描述和评论,例如回答:"我想……""我要……"我"看到……"

注意:

(1)图片交换沟通系统主要是为了帮助自闭症孩子学会如何与人沟通,不是用来强迫孩子说话的工具。

(2)第一、二阶段只使用一张图片,孩子巩固后再加大难度。

(3)前三阶段,家长不需要使用语言,主要注重亲子互动沟通,让孩子明白想要得到东西,必须拿图片来交换。

(4)第四阶段除非孩子主动说,否则不能强迫孩子说话,一般前四阶段做得好,很多孩子有主动交流的意识后,在此阶段会有简单主动语言出现,但有一类孩子是不说话的,不能强迫孩子说。

家长要记住:口头语言不是沟通交流的唯一途径,懂得用图片与人沟通也是很棒的哦!

在家进行 PECS，家长要做到

1. 观察强化物，了解儿童喜欢的对象
2. 在不同的情境下训练儿童
3. 每次训练应该短暂，但次数频密
4. 训练应符合 PECS 的基本原则

（五）地板时光(Floor Time)

地板时光由美国精神病学家史丹利·格林斯潘(Dr. Stanley Green Span)和沙丽娜·韦德(Serena Wieder,Ph. D)于 20 世纪 80 年代所创，是一套经过长期的研究和实践、效果得到实践证明的方法。顾名思义，地板时光就是通过亲子互动，建立和谐融洽的关系，刺激孩子对人的兴趣，吸引他们与互动对象联系，丰富孩子的意念和思维，令孩子更灵活、主动及具创意，发展孩子的智力和情感。换言之，地板时光可以说是一种游戏训练法，通过成人与孩子之间的游戏来增加互动。

1. 地板时光的四个目标[①]

"地板时光"的目标是帮助自闭症儿童提高以下四种基本能力。

（1）建立亲密关系

---

① 尤娜,杨广学.自闭症"地板时光"疗法（Ⅰ）:关系与表达训练[J].中国特殊教育,2008(9): 35—39.

(2) 形成双向沟通能力

(3) 学会象征性的意义

(4) 发展情感和观念相联系的逻辑智慧

2. "地板时光"的实施原则①

(1) 不受干扰,把所有的注意力放在儿童身上。

(2) 保持细心、耐心、轻松愉快的心情。

(3) 与孩子的情绪状态保持共情和同步。

(4) 能够觉察到自己的情绪感受。

(5) 随时调控自己的声调及肢体动作。

(6) 紧密跟随儿童的兴趣指向,保持互动的连续性。

(7) 灵活调节活动,以适应儿童多层次发展的需要。

(8) 严格避免各种攻击和伤害行为。

3. "地板时光"的五个步骤

步骤一,观察。观察孩子的表情、动作、语言、肢体语言等以决定如何接近孩子。

步骤二,接近孩子。在了解孩子基本状况的基础之上,试着使用语言和手势接近孩子,开始与孩子交流,然后了解孩子的兴趣、爱好和特点。

---

① 尤娜,杨广学.自闭症"地板时光"疗法(Ⅰ):关系与表达训练[J].中国特殊教育,2008(9):35-39.

步骤三,以孩子为主导。在游戏的过程中遵从孩子,让孩子决定游戏的节奏。

步骤四,拓展游戏。以孩子为主导的同时不断拓展游戏,在游戏的过程中提出问题,对游戏做出评价等。

步骤五,结束交流的回合。当家长对孩子的游戏做出评论和手势时,孩子会根据家长的评论和手势结束一个回合,然后开始另一个交流的回合。

4."地板时光"的家庭时机

(1)穿脱衣服时。让孩子自己决定穿哪件或不穿哪件衣服,但是需要他说话,即使是简单的几个字都可以。

(2)吃饭时。跟孩子谈论有关食物的事情。可以问他想吃什么?

(3)上学、放学路上。在上学路上可以谈论他最喜欢跟哪个小朋友玩?为什么?在放学路上可以让孩子讲述今天一天发生的事情(尽量在校园里,因为校园会提供视觉辅助帮助他回忆当天发生的事情)。

(4)洗澡时。在浴缸里放几个小玩具,跟孩子一边洗澡一边玩。

(5)睡觉时。可以给孩子讲个小故事,这样一方面可以增进与孩子的亲密感,另一方面可以让孩子情绪平静并很好地入睡。

5. 把日常的活动演变成需要解决的问题

（1）让孩子穿衣服,可他必需穿的校服找不到。

（2）喝水的时候,杯子没打开。

（3）把他喜欢的东西移动了位置。

（4）把孩子的东西放在高处,孩子能看到但拿不到。

（5）让孩子吃饭,但没有给他准备碗筷。

6. 地板时光的案例

由于自闭症儿童对周围人、事、物的关注较少,所以社交能力自然也低。为了培养他们的关注能力,家长在设计游戏时,应尽量多使用视觉刺激尤其是人脸的刺激。下面通过案例来说明,如何在家庭中实施训练。

案例 4-9

争抢食物

家长和孩子面对面坐着,中间放一张小桌子,桌子上放一小块糖。然后家长喊:"一、二、三","三"字一出口就快速抢到糖放嘴里吃掉。开始时家长的速度可以慢一些,让孩子多抢到,等孩子熟练后要加快速度,以促进孩子形成竞争意识。重要的是两个人都要遵守规则,如有一方不遵守,则惩罚不许吃糖。当孩子完全能

够理解并遵守游戏规则后,可以加大难度,如把糖放在客厅的窗户前面,家长和孩子在客厅的另一面准备去抢。让孩子动起来,孩子的兴趣会更高。

在游戏的过程中,家长要注意将心理活动展现给孩子看,例如,家长赢了,就可以用夸张的表情表达高兴的心情,拿起糖高兴地放到嘴里,并说"太好了,赢了就能吃到糖了,太高兴了,下次我要更快点,我还想赢"之类的话语。如果输了,家长就要表现出很失望的样子,并说"又输了,没吃到,我想吃,下次快点一定拿到"之类的话。这样就是把人的内在想法表现出来给孩子看,让孩子知道在不同的场景下应该有不同的反应,以期孩子也能在多次刺激后有此心理活动。

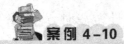
案例 4-10

选择食物

家长可以在孩子感到饥饿的时候,准备两份不同的食物分别放在两个碗里,例如一份是孩子爱吃的苹果,另一份是孩子不爱吃的山楂。然后家长拿一种食物放在孩子的眼前,等待孩子的反应,如果孩子笑了,或是点头了,就给他吃。如果孩子躲了,或是摇头了,就拿走。孩子会在这个过程中逐渐理解自己的动作与家长的行为是有关的。接下来家长不要孩子出现动作后马上就给,而是等孩子的目光与家长的目光有接触的时候才给,孩子会逐渐明白在与人沟通时是要关注对方的。

孩子因为能吃到自己喜爱的食物而愿意做这个游戏。等孩子对这个游戏的规则非常理解并且能遵守的时候,家长可以和孩子转换角色,让孩子学习发起交往及更好地运用自己的肢体语言。

在玩这个游戏的时候,家长需要注意以下几方面。

(1)食物要切成小块,让孩子慢慢吃,一旦孩子吃饱了,就会不参与活动了。

(2)妈妈要一直处于寻找孩子目光的状态中,在与孩子的目光发生碰撞的刹那用目光询问:"要这个吗?"

(3)游戏的整个过程中,妈妈的表情要根据孩子的反应而变化,例如,孩子吃到苹果时,妈妈要表现出幸福与满足的样子;孩子吃到山楂时,妈妈要表现出痛苦和无奈的样子。

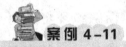
案例 4-11

我能吃吗?

理解别人的想法对自闭症儿童来说也是一个巨大的考验,自闭症儿童很难站在对方的角度来看待问题和调整自己的行为。为了训练这方面的能力,家长可以在家庭中开展以下类似的游戏:爸爸、妈妈和孩子三个人,其中妈妈拿出一块苹果举到孩子的面前,引导孩子看爸爸,如果爸爸点头孩子就接过来吃掉,如果爸爸摇头孩子就不能接也不能吃。这可以让孩子理解这个游戏规则,又让孩子知道观察别人的反应,再根据别人的反应调整自己的行为。

家长在具体的实施过程中,可以根据孩子的具体问题设计不同的游戏内容。

(六) 社会故事法

所谓社会故事(Social Stories),是指由专业治疗师、教师或父母为自闭症患者编写的小故事,对所发生事件的时间、地点和参与人员等信息进行具体描述,对人们在事件情境中通常会怎么做、有什么想法或感觉等进行说明,并强调指出重要的社会线索,进而以患者能理解的语言说明与此情境相适应的行为方式。

社会故事法并不直接向自闭症患者传授社会技能,而是向他们解释环境中可能会发生的事件,利用患者长于视觉加工和对文字的兴趣来增进他们对环境的理解,从而诱导其发展符合社会规范的行为。社会故事法自美国心理学家于1991年率先研究提出后,经过20多年的发展,已经得到了长足发展,故事的表达方式由最初的文字故事发展出了多种变式,如文字加插图故事、文字加图形符号故事、多媒体动画故事、歌唱故事等。

1. 社会故事法的目的和功能

(1) 提供客观及正确的社交资料(何事、何时、何地、为何、如何);利用自闭症儿童较强的视觉信息处理能力,增强自闭症儿童的社交理解能力。

(2) 引导正确的社交行为和态度,或一般人认为恰当的社交表现;从而增强及扩展自闭症儿童与人交往的能力。

(3) 解释大部分人应有的社交表现及他人对正确社交行为的反应,令自闭症儿童直接"阅读"及明白社交要求;增强自闭症儿童"心智解读"的能力。

(4) 描述社交场合/处境的特点、重心或可能产生误解的细节;目的是增强自闭症儿童掌握重要部分和整体概念的能力。

2. 社会故事的编写原则

编写社会故事应遵循以下原则和标准。

(1) 社会故事内容是针对儿童所要发展的目标行为,能够回答"是什么""为什么""怎样做"等问题,例如:怎样请同学帮我?哪里有厕所?

(2) 社会故事要有目的地向自闭症儿童呈现可靠的信息,鼓励自闭症儿童取得进步。

(3) 尽量用第一(或第三)人称写作,以使儿童从自己出发去思考或行动。

(4) 多使用肯定的语言,少描述消极行为,以突出积极行为,例如(对比):我害怕吹风机/有时吹风机会发出噪声。

(5) 恰当使用描述句等句型,描述应多于指导。

(6) 编排形式、内容要适合自闭症儿童的能力和兴趣。

(7) 提供适合自闭症儿童的图解,以增强对文本的理解,如图画、实物、相片、视频等。

3. 社会故事的几种句型[①]

(1) 描述句:用于指出情境中最重要的因素,如发生什么事、为什么会发生、有哪些人参与等。例如,睡觉前爸爸读故事给我听;放学了,爷爷接我回家。

(2) 观点句:也称透视句,用于描述在情境中当事人(包括自闭症儿童)的情绪、想法、意见、动机或健康状况等。例如,老师今天很高兴;我喜欢吃薯片。

(3) 引导句:主要用来向自闭症患者提供行为反应的建议或选择。例如,我会……;我喜欢……

(4) 肯定句:主要用来强调背景知识,如特定社会文化中的价值观念、重要原则、规定等,以使自闭症儿童了解社会对某行为的看法。例如,这样做别人才喜欢;这样做才安全。

(5) 控制句:从自闭症儿童的角度指出在特定情境中,可以用哪些方法帮助自己记得所要表现的行为。例如,教自闭症儿童在公共场合不能乱跑,就像在课堂上不能大声说话一样。

(6) 合作句:情境中的其他人如何帮助自闭症儿童,也可用来协助老师,父母要记得自己在社会故事中所要扮演的角色。例如,老师可以帮助我制止欺负我的同学;哥哥可以帮助我提重物。

(7) 部分句:可以了解自闭症儿童是否理解社会故事的内容。

[①] 李晓,尤娜,丁月增等.自闭症儿童干预中社会故事法的应用[J].现代特殊,2009(11):38—40.

例如,我这样做别人可能会觉得_____;老师夸奖我是因为_____。

(8)前导句:在一篇社会故事的开头位置,通常有一个前导句用于儿童进行自我介绍。例如,我叫……,今年……岁,我在……学校上学。

以上这些句型在一篇社会故事中并不必同时出现,但基本句型的使用有一定要求,要多用描述句、观点句、肯定句与合作句(这四种句型统称为描述性句子),少用引导句或控制句(这两种句型统称为指导性句子),以免说教味道太浓,引起儿童的反感。

4. 社会故事案例介绍

家长可以根据自己孩子不同的特点和需求,编写适合孩子自身发展的故事,用来开发孩子的能力及修正孩子的某些行为。

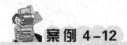

案例 4-12

小丽非常喜欢跳,不分场合,不分时间,高兴了会跳,生气了也会跳,妈妈为此很苦恼。其实孩子跑跑跳跳是天性,但是案例中的小丽不知道什么时候应该跳,什么时候应该走,也就是对于不同场合中的规则和行为表现不清楚。家长可以设计如下的社会故事:

我叫小丽,我喜欢跳跳。

我还喜欢走一走。

跳跳很高兴,走走很开心。

超市里走走,公园里跳跳。

教室里走走,操场上跳跳。

家里走走,小区里跳跳。

……

走走跳跳,小脚乖乖。

走走跳跳,妈妈笑笑。

在创编故事的时候,家长要根据孩子的能力来安排。如果孩子能认字,则故事可以只有文字;如果孩子不能识字或识字很少,可以配有图片或照片。此外,还要根据孩子的语言能力及具体的生活场景来设计内容。教授故事的时候先让孩子来朗读、背诵(有能力的可以复述),然后家长在生活中不断地提醒和强化。这样孩子在家长创造的开心轻松的气氛中逐步消除不合适的行为。

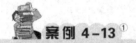

案例 4-13[①]

开学了,晓峰高兴地背上书包去学校了。在学校里,同班同学邀请晓峰一起玩,可是他总是不回应就溜走了。后来,有同学觉得他行为怪异,老是喜欢捉弄他,拦住他不让走。最后,晓峰只好大力推开他们,在校园里狂奔来逃避别人的邀请和捉弄。导致晓峰一到休息时间,就会一溜烟走出教室,在隐蔽的角落里奔跑。

患有自闭症的孩子由于社交技巧的缺乏,不知道如何回应别人

---

① 香港协康会.自闭症学童融入主流教育全攻略[M].协康会,2008:19.

的社交行为。例如,面对别人向晓峰发出一起玩的邀请时,我们可以通过社交故事帮助晓峰恰当地回应"受到同学邀请时,如何接受或拒绝"。

① 课间十分钟是同学们休息的时间。休息时,同学们会一起玩耍。

② 有时候,同学会邀请我一起玩耍。

③ 如果我也想与他们一起玩,我可以说:"好呀,一起玩吧!"然后便加入他们一起玩游戏。

④ 不过,有时候我可能不想加入他们的游戏,我可以有礼貌地向他们说:"你们玩吧,我暂时不想玩,下次再玩吧。"

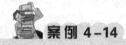
案例 4-14

随着孩子年龄的增大,理解能力的增强,我们可以把孩子自己的事情写成故事,然后让他反复阅读,加深印象,进而通过故事里的提示来修正自己的行为。

我是有礼貌的好学生

老师说:"上课回答问题要先举手,老师允许了再回答。"同学们都会遵守老师的规定。

有时老师上课说到很有趣的话题,或是提出的问题非常简单,我马上就能答出时,我会忍不住就说出了嘴。老师会严肃地看着我并且说:"说话前要先举手,老师同意了再说,要有礼貌。"

有时候同学们回答问题很好笑时,我会忍不住跟着大笑,甚至声音很大。或者回应了同学好笑的内容,然后其他同学也会跟着笑。老师也会不高兴,严肃地说:"跟着别人起哄是没有礼貌的,不尊重别人。"

以后上课的时候,我会尽量控制自己的嘴巴,养成"上课发言要举手,老师允许了再说"和"尊重别人的发言"的好习惯,这样我就成了有礼貌的好孩子,老师同学都会喜欢我。

我喜欢和同学玩

下课时,我喜欢和同学们一起玩,也喜欢同学们愿意跟我玩。

玩的时候,大家会有不同的想法,大家都想让别人认同自己的玩法。我会好好地表达自己的想法,希望同学们也能喜欢我的玩法,这样同学们才可能接受我的想法。如果他们不接受,我也不生气,就先跟他们一起玩他们的玩法。等下一次我再跟他们说,直到他们同意我的玩法。有时候他们的玩法也是很开心的。

我只要控制自己,多尊重他们,同学们就会喜欢和我一起玩的。

四、塑造自闭症

(一) 培养孩子兴趣爱好的重要性

对自闭症孩子进行干预时,"纠偏纠短"与"潜能开发"不可偏废。如果过于看重纠正孩子的问题行为,而忽视了孩子的优势和长项,家长容易失去信心,而孩子天天深陷于被训练的梦魇,没有自己的空间,很容易滋生负面情绪。其实,换种思路,开发孩子的长项也许比单纯地纠短更容易带来意外的收获。况且,如果自闭症孩子没有合理的兴趣爱好,在闲暇的时候,他们经常只能用诸如玩车轮、转圈、撕纸或自言自语等常人看来无意义的活动来打发时间。这样不仅会加剧孩子的自闭程度,还会浪费很多有效的干预时间。所以,家长应该积极开发孩子的长项,培养孩子合理的兴趣爱好,让他们学会安排自己的闲暇时间。

培养孩子的兴趣爱好主要有如下重要性。

- 充实孩子的生活,减少孩子无所事事、自我封闭的时间。
- 拓展孩子的生活空间。
- 教会孩子如何度过闲暇时间,享受精神生活的愉悦。
- 培养孩子的社交能力。
- 提升孩子的自信心。
- 可以作为孩子谋生的技能和手段。

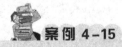
案例 4-15

中国残联精神协会主席温洪女士的孩子,对计算机和音乐感兴趣,在家人的培养和鼓励下获得了计算机操作北京市四级和钢琴演奏五级考试证书。温女士的许多发言稿以及几年来为自闭症起草的十几万字提案、建议、发言、方案等大多是孩子帮忙打字完成的。温女士说:"一个自闭症孩子在为中国的自闭症服务事业出力做事,我很欣慰。虽然她仍然没有正常就业,但无论如何也算一个'有用之人'了。"

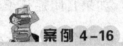
案例 4-16

鹏鹏,曾经是一位有着严重情绪问题的自闭症小孩,没事干的时候喜欢在家里破坏东西。为了减少鹏鹏在家独处的时间,鹏鹏妈妈经常将他带到户外进行各种体育运动,打乒乓球、羽毛球、篮球、骑自行车,游泳……培养他广泛的兴趣爱好。后来,鹏鹏在体育运动方面表现非常出色,还加入了学校的特奥训练队,多次参加全国性的残疾人运动会,捧回了很多奖杯。因为有了自己的爱好和特长,鹏鹏变得越来越开朗自信,人际交往能力有了提高,还在训练中结交了几位好朋友。现在,他已经能够在周末的时候,独自搭公交车到体育馆锻炼身体。

(二) 孩子有哪些兴趣爱好

自闭症孩子也有他们的兴趣爱好,只是他们的表现方式与其他孩子不一样,所以常常被家长看作是问题孩子。如果我们接受了孩子的特殊性,从孩子的角度看问题,我们就会发现自闭症孩子的兴趣点。

1. 听音乐

音乐可以给孩子创造一种安全的环境,对孩子来说是一种愉悦的体验,而且很多自闭症孩子具有良好的音乐感受能力和记忆能力。有的小孩听到节奏感强的音乐就会踏着节拍晃动身体,听到安静的音乐情绪很快就能够平复下来,有的小孩还能够跟着歌曲哼唱。我们可以通过孩子对音乐的爱好帮助孩子架起一座与外部世界沟通的桥梁,丰富孩子的精神世界。

听歌——在闲暇的时间,给孩子播放他爱听的歌曲,满足孩子对音乐的需求。

唱歌——鼓励孩子在听歌的时候大声地唱出来,也可以为孩子举办一些简单的唱歌活动,鼓励孩子上台表演,通过音乐与他人互动。

选歌——孩子对音乐有兴趣后,要给孩子选择的空间,引导孩子去主动选择他喜欢的音乐。

与孩子的生活结合——在教孩子生活能力的时候,可以利用孩子对音乐的兴趣,选一些节奏感强、与孩子的生活相关的儿歌,例如生活自理类的歌曲:《刷牙歌》《洗手歌》《洗脸歌》等,透过歌曲扩展孩子的认知范围,培养孩子的生活能力,让孩子把音乐和自己的生活结合起来,这样也会让孩子更加喜欢音乐。

2. 画画

美术的语言是针对视觉的,包括形体、色彩、空间等。有些自闭症孩子对色彩、形状或图像很敏感,他们也许不擅长用语言表达,但是他们却可以用手中的画笔向我们传达内心的想法。

下面以案例4-17为例说明。

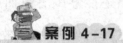

这幅画是一位自闭症小女孩在她生日当天画的。女孩对画画有浓厚的兴趣，家人也特别重视对孩子绘画兴趣的培养。以往的每一年，她最爱的爷爷都会陪她过生日，但是爷爷去世了，妈妈为了让她在生日当天不孤独，告诉她："你想怎么过生日？你把它画出来，妈妈就知道了。"于是小女孩把她心中的生日以及她当天的内心感受通过画笔告诉了妈妈。

生日蛋糕：这是一岁的时候，爷爷曾经给她买过的一个生日蛋糕。

音符：代表要唱生日歌"祝你生日快乐"。

爱心：爱心旁边还写上了"爷爷、奶奶回家"，代表她对爷爷奶奶的思念。

泪滴：代表她想爷爷想哭，但是过生日她又很高兴的矛盾心情。

爱心创可贴：左下角的爱心创可贴代表的是她没见到爷爷，她心里很受伤。平时她看到妈妈手上受伤了用创可贴贴上，所以她心里痛，她也贴上一片创可贴。而右下角的创可贴代表的是有家人祝她生日快乐，她的心里又充满了欢乐。

孩子通过这幅画形象地向我们展示了她的内心世界，也让我们看到了自闭症孩子独特的表达方式和创造性思维。在培养孩子绘画能力的时候，切记不要对孩子限制过多，如果要求天空一定要是蓝的，云朵一定要是白的，其实是在抹杀孩子的创造力，而且孩子一旦达不到我们提出的要求，很容易产生挫败感，从而抗拒画画。

孩子画画也是一种表达的方法。通过绘画不但可以了解孩子的心声，也可以开发孩子的智慧。比如我们给孩子讲一个小故事，孩子能复述之后，我们再让孩子根据故事画一幅画。

这时孩子的画通常会包含一些故事以外的因素，而这就是孩子的思维和认识。也可以把今天的活动画一幅画，或是今天看到的风景画一幅画，或是把心里想的画一幅画。

3. 体育运动

很多自闭症孩子的运动能力发展得很不错，只要家长给孩子创造机会，用心培养，会发现他们对很多运动项目都感兴趣，骑自行车、打羽毛球、游泳、轮滑……都有可能是孩子感兴趣的活动。

体育活动是愉悦身心的活动，体育爱好者不但身体健康，也会形成热情开朗外向的性格特点，最重要的是体育活动有利于调节孩子的情绪。自闭症儿童因为交往的障碍，情绪是个大问题。如果孩子能够做自己喜欢的运动，就能精神放松和舒缓一些负面情绪。尤其是青春期的时候孩子会由内向外释放能量,而最好的释放途径就是体育活动。

分解动作——在教孩子运动技能的时候,要注意将动作进行分解,最好将分解的动作用图片呈现给孩子,让孩子清楚动作步骤。

加强练习——孩子要掌握一项运动技能,需要家长耐心引导、长期坚持。在孩子空闲的时候,多带孩子到小区或公园里运动,尽量不让孩子在家里闲着无事可做。在练习的过程中,家长要抱着带孩子玩的心态,不急于求成。

扩展空间——当孩子掌握一定的社会技能后,可以尝试着让孩子独自外出,到户外运动,例如打篮球、游泳。一旦孩子的活动空间得到扩展,他的生活也会随着充实起来。

融入训练——当孩子喜欢上体育运动后,可以把对孩子的社会性训练融入其中,例如,打乒乓球的时候,如果是多个人一起打球,可以让孩子学会轮流、学会等待,可以让孩子当裁判员,让孩子理解计分规则,并且和他一起收集关于球赛的各种信息和球员的资料,使他对这项运动持有热情……

4. 乘车

多数自闭症孩子对车有着浓厚的兴趣,爱玩玩具车,也特别喜欢坐车。很多有情绪问题的孩子只要坐在车上(例如公交车、火车),就可以很安静地看着窗外,好几个小时一动不动。自闭症小孩害怕环境的变化，所以不愿外出，家长可以充分利用小孩爱坐车这一特点，鼓励孩子走出家门。在带孩子乘车的过程中，可以利用这一契机教孩子对马路和汽车以外的东西感兴趣。例如，可以教孩子认识站牌，学会买车票，学会过人行道等，逐渐让孩子能够单独出行，这对孩子将来的生活具有重要的作用。

知道从哪站上车，哪站下车——让孩子知道起点和终点，一般是生活中经常去的地方，家长要多次引领。同时让孩子知道到这个地方去做什么事，这样可以让孩子对场所的功能加深理解。

顺利找到公交站点——家长带领孩子在路上学习远距离寻找的能力，有公交站牌的地方为车站。同时可以教孩子关注周围场所，如这里是车站吗？还可以教孩子如何过马路。

等到想乘坐的车，并上车——这个时候教孩子看远处过来的公交车是否是自己要乘坐的那一路，上车在前门，或是投币或是划卡。

在车上找到位置——上了车以后会自己找座位，如果有座位可以坐下来，如果没有座位找一个不妨碍其他人的地方站好。等车到下一站时观察会不会有空闲座位，自己学习找位置。

顺利下车——通过各种方式知道自己应该下车了，或是听车内的广播，或是看车里的指示，或是看车外的建筑物。然后在车到站前在车门处等待下车。

5. 异常的兴趣爱好

自闭症孩子常常对一些事物表现出异常的执着,有着异常的兴趣爱好,甚至达到痴迷的程度,例如对厕所很着迷,或者喜欢反反复复地堆积木……很多家长对孩子异常的爱好没办法接受,总是想方设法地制止孩子的行为,但往往适得其反。其实,这些行为中潜藏着培养和激发孩子的机会和可能性,如果我们转换思维角度,异常的兴趣爱好也能够变成有意义的活动。

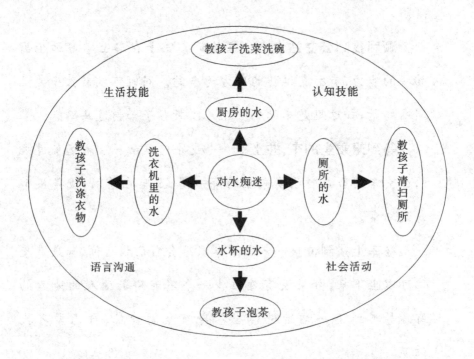

如上图,孩子对水痴迷→利用孩子的偏好,让他帮忙干需要用水的家务活→引导他做和水相关的家务活。比如让孩子帮忙洗菜,

并明确告诉孩子冲掉菜上面的泥土就关上水龙头,这样就让孩子知道了何时用水、何时关水。当孩子喜欢上这一活动后,可以带孩子到菜市场买菜,在这个过程中可以让孩子认识各类蔬菜、学会买菜、学会用钱、学会与人沟通……这样就把孩子的异常兴趣爱好变成了有意义的活动。

孩子迷恋一件物品或一个活动的时候,会全神贯注,目光炯炯有神,有时甚至浮现出智慧的表情,自闭症孩子难得这般聚精会神,专注一事,横加干扰,岂不可惜?既然偏执刻板是孩子的特质,无法轻易改变,那么我们何不利用这一特质,引导他去做有意义的事情呢?

6. 更多的兴趣爱好

喜欢排列卡片——让孩子学习整理书籍、整理房间。

喜欢堆积木——让孩子用积木来堆生活中的事物,例如,让孩子用积木铺马路,和孩子一起玩开车的游戏;让孩子用积木建房子……

喜欢看图画书——让他从中学习单词和图画,学习讲故事……

当我们用心观察,我们会发现原来自闭症孩子也会有那么多可以挖掘的潜能。家长在孩子"刻板的行为、狭隘的兴趣"上用心挖掘教育的机会,可以利用这些兴趣爱好创设小障碍让孩子学会解决问题,从而教会孩子很多知识和技能。如果我们抱着积极的态度,耐心地引导孩子,这些潜能都有可能培养成为孩子的兴趣爱好,让孩子终生受益。

(三) 扩展孩子的兴趣爱好

自闭症孩子的兴趣范围狭窄,家长要有意识地扩展孩子的兴趣爱好,让他们接触新鲜的环境和事物,丰富他们的生活。

1. 给孩子提供接触事物的机会

家长要想扩展孩子的爱好,让孩子尝试和接触各种各样的活动十分重要。如果不让孩子试一试,家长永远不知道他喜欢什么:游泳、画画、公园散步、和动物玩耍……要让孩子走出家门,接触丰富多样的活动,并帮助孩子成功地参与到这些活动中去。

2. 将强化物和新的活动联系在一起

我们可以将孩子已有的兴趣爱好作为强化物,来鼓励孩子对新事物发生兴趣。例如,如果孩子喜欢乘车,就告诉孩子只有在他完成一项新的活动(如和家长唱完一首歌或者和家长玩一个简单的游戏)之后才能坐车。在给予孩子强化物的同时,要给予孩子表扬和鼓励,让孩子把新的活动与他喜欢的强化物以及家长的表扬联系起来,从而增加他对新活动的兴趣。

3. 让孩子学会玩

玩游戏可以让孩子学会理解规则、增加语言词汇和人际互动认知。一旦孩子喜欢上了玩游戏,孩子就会有更多的自主性和学习空间。最初教孩子玩的游戏要简单易操作,培养孩子对玩游戏的兴趣和信心,例如,可以安排"藏物品""捉迷藏""荡秋千"等游戏。孩子有了"玩"的概念之后,可以和孩子一起模仿孩子喜爱看的动画片里的情景,让孩子学会角色扮演。

自闭症孩子往往喜欢熟悉的东西,因为熟悉会让孩子有安全感。家长在给孩子建立新的兴趣

时不要强迫,先从接触开始,让孩子慢慢接受;然后是操作阶段,孩子在接受的前提下开始体验,而这个时候孩子往往不能把游戏与快乐连在一起,需要家长在孩子面前表现出快乐来感染孩子;孩子学会操作后喜欢上了这个游戏,这时候家长就可以利用这个兴趣来开发各种课题或是拓展更多游戏了。

(四) 教孩子合理安排自己的闲暇时间

培养孩子的兴趣爱好,要让孩子学会在独处休闲时能够自己安排一些有意义的活动,比如弹琴、绘画、开展体育运动、听歌等,减少孩子用刻板行为打发时间的机会,这样可以使孩子培养良好的兴趣,享受更多的快乐,让孩子的生活张弛有度。家长可以给孩子选择的权利,让孩子自己决定在哪个时间段做什么事情,并引导孩子制作时间表,安排自己一天的生活,让孩子过自主而有意义的人生。

（五）防止兴趣爱好的培养走入误区

误区一：为了训练而训练，孩子体会不到乐趣。

很多家长在培养孩子兴趣爱好或陪孩子玩游戏的过程中，把每一件事情都当作训练，急于让孩子了解规则，掌握技能，目的性太强，导致孩子不能从玩中找到乐趣，反而把它当作一种负担，也就没有了玩的动力。而且由于难以达到家长的要求，会受到家长的批评，孩子便开始逃避，甚至产生反感，孩子难得的兴趣爱好便这样被扼杀了。

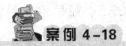

案例 4-18

一个自闭症家长交了钱让孩子学游泳，之后在游泳池里使用各种招数教孩子学，甚至打骂都用上了，造成了孩子对游泳极度恐惧，虽然在各种压力下，孩子在那一批小孩当中第一个学会了游泳，但是孩子只是很机械地在游泳，脸上基本没有笑容，丝毫体会不到游泳带来的快乐，更别提与他人的沟通和人际交往能力的提升了。

误区二：只教给孩子技能而忽略了孩子的生活。

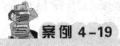

案例 4-19

一个16岁的自闭症男孩对音乐感兴趣，家人花费重金请了专业教师教孩子弹钢琴，孩子钢琴过了十级，经常参加演出，但是孩子在参加演出时，需要家长全程陪同,没有任何生活自理能力,演出结束后他会突然走到观众席拿起观众的矿泉水打开就喝……

一个自闭症孩子从小就喜欢听歌,只要一听歌就能够安静下来,家长发现了孩子的这一爱好,就每天让孩子听歌,到了后来,孩子不管走到哪里都要拿着手机或者MP3听歌,沉迷其中,完全不理会周围的人。

一个自闭症男孩从小就一直不间断地做运动训练,几年后,孩子的运动能力得到了极大的提高,肢体灵活,动作协调。但是,不管是在家里还是在公共场所,他会不顾一切地爬上爬下,钻进钻出,时常会冲撞路人……

在以上这些案例中,家长把重心放在孩子技能的培养上,一心只想着提升孩子在某一方面的技能,却忽略了孩子的生活。即使孩子有了技能,但是如果不将其转换成孩子的适应能力,那么孩子也难以走出"自闭"的状态。技能或者兴趣爱好都是一种媒介,关键是要透过孩子的兴趣点培养孩子的生活能力。以打篮球和卡片配对为例:

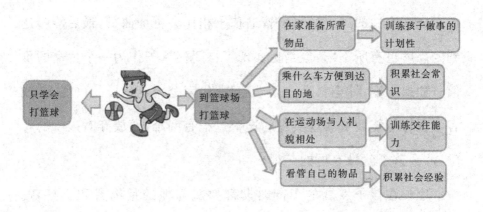

五、成就你的孩子

成就孩子就是要让孩子在自身能力范围内达到最佳的生活状态,有尊严、有意义地活在世上,或走上工作岗位,或学得一技之长,虽然生活方式不同,但要有自己的一片天空。

(一) 正确的理念——尊重生命,将孩子的"可能性"变成"现实性"

无论孩子有多少缺陷,我们始终要把他当成一个有尊严的生命来看待。我国自闭症康复训练专家甄岳来女士说:"自闭症孩子作为一个生命个体,存在缺陷的同时也存在很多的潜能和可能性,他们可能生活自理、上学,甚至是就业,而教育者、家长、社会所要做的就是创造条件,将孩子的可能性变成现实性。"能否成就一个孩子首先要看家长是否能从尊重生命角度来对待孩子,要从孩子的生命有哪些可能性的角度出发,为其创造条件实现可能性。只不过把可能性变成现实性的这个过程与普通孩子相比会更加曲折,最后能够达到的高度也有所不同,但是也实现了自闭症孩子作为一个生命的价值。如果家庭、社会只看到孩子的缺陷,完全否定孩子的可能性,或者发现将可能性变成现实性的这个过程有困难,便放弃对孩子的希望,那么孩子就没有可能获得成功。

家长在孩子发展的不同时期都要成为他的帮助者和支持者。

星知光的万颖老师把她对宝儿的培养过程总结为四个阶段。**第一个阶段是规则建立和智力开发**。这个阶段通过建立行为来规范宝儿的习惯,通过智力开发拓展他的认知,促进思维的发展,使宝儿能像其他孩子一样背上书包进入普通学校生活。**第二个阶段是社会生活能力的完善**。万老师通过对生活的分解和利用,使孩子能达到社会生活自理的程度。此阶段她提出"生活是最完美的教材,家长是最优秀的教师"。**第三个阶段是对孩子品德的修正**。让孩子不只是听命于妈妈,而是自己知道应该做什么,不应该做什么。什么是好,什么是坏,使宝儿找到生命中的自己。**第四个阶段是成人教育**。宝儿进入青春期以后,开始有了更多自己的想法,她提出"让宝儿成为对别人有用的人"的观点。从生活细微之处到人生的梦想,她不断领引和推动,宝儿也开始慢慢理解人生的价值和追求。

家长只有不放弃,不断地追求,孩子的可能性才有可能最大限度地变成现实性。

(二)实现"可能性"——"家庭努力"和"社会努力"两条腿走路

家长如何做?

1. 尊重孩子、接受孩子

"卡车不能变成轿车",对于自闭症孩子,我们一定要先学会接受他,他就是一部"卡车",无论怎么努力,也不可能变成"轿车"。我们要学会的,是如何了解这部"卡车"的性能,尽最大努力用好这部

"卡车"。对于自闭症孩子的问题,要学会改善一部分,接受一部分。例如,有的程度十分严重的自闭症孩子,很难发展出语言能力,但是可以教会他使用图片进行交流。

家长要拿出教孩子学走路的心态。还记得孩子刚开始学走路的情形吗?家长在孩子前面三五步的地方张开双手,眼含期待,满脸笑容地迎接孩子站起来投入我们的怀抱。那时的孩子笨笨地站起来,还晃来晃去站不稳,他也是满脸快乐地张开双手,想扑向妈妈,但是脚却不听使唤,没有迈出去,或是迈了一步摔倒了。家长想想那时的心情是怎样的,没有人抱怨孩子为什么不迈出那一步,也没有人生气孩子为什么摔倒了,更没有人因此批评和打骂孩子。妈妈还是在笑着,哄着,逗着,鼓励着孩子继续努力。孩子呢,可能会哭,也可能会笑,但是他真的会继续站起来,朝妈妈的方向努力迈着他那不稳的脚步。不知什么时候,我们的孩子能站稳了,能迈开腿了,能自如地跑跳了。

那时候的家长如此淡定,是因家长坚信孩子一定能行;那时候的家长如此快乐,是因为家长有一个美好的期待;那时候的家长如此幸福,是因为家长在享受孩子的成长。家长若能长期保持这种心态,孩子将持续在幸福与快乐的生活中进步。

2. 为孩子制定合理的人生目标

自闭症儿童最大的障碍是社会性障碍,所以对自闭症儿童进行康复训练的最终目标就是要让儿童融入社会,让他们成为乐于劳动、享受生活的人。从自闭症孩子社会功能康复的程度,可以将康复目标由低到高分为家庭生活自理、社会生活自理、社会生活自立三个层次。①

自闭症儿童的症状表现和发展水平不同,所能达到的目标也不一致,家长需要根据孩子的实际情况拟定发展目标,并在实际康复的过程中不断调整目标。

(1) 家庭生活自理

自闭症人士能够达到的基本康复状态。

标志:青年期以后,在家庭生活中不再需要专人看护而实现生活自理。

要求:能够从事家庭生活中所必需的家务劳动。

能够理解家庭成员之间的关系。

能够理解自己在家庭中的角色,例如知道自己的性别角色。

(2) 社会生活自理

自闭症人士能够达到的较好的康复状态。

标志:成年后,他们能够独立走出家门,独立进行与日常生活有关的工具性交往活动。

要求:具有对社会生活的一般理解能力,例如能够理解公共场合的行为规范。

---

① 甄岳来,李忠忱. 孤独症社会融合教育[M]. 北京:中国妇女出版社,2010:21.

具有社会生活所需要的一般行为能力,例如能够顺利购物、就餐、理发等。

虽然不能独立参加社会工作,但是能够与周围的人平等相处。

在家人带领下,能够到公共场所活动。

(3) 社会生活自立

自闭症人士能够达到的最好的康复状态。

标志:独立就业、自食其力。

要求:具有基本正常的自我意识,例如具有是非观念、道德观念。

具有独立解决生活和工作中一般问题的能力。

能够与他人建立融洽的关系。

3. 让孩子掌握劳动能力

劳动是自闭症儿童谋生和过有意义的生活的手段,较好的劳动能力和积极的劳动意识是自闭症儿童实现生活自理和生活自立的基础。如果平时没有让自闭症儿童养成劳动的习惯,了解劳动的意义,却在其成年后马上让他参加劳动或工作,他肯定无所适从,也不愿意配合。[①] 因此,家长应提前做好准备,从小就要有意识地培养自闭症儿童的劳动愿望。

---

① 明石洋子著.与自闭症儿子同行(2)——通往自立之路[M].洪波译.北京:华夏出版社,2012:164—165.

（1）让孩子学会使用钱

自闭症儿童要实现自立，只有学会用钱——把劳动所得用于自己的衣食住行，才能明白"劳动"的重要意义。自闭症儿童不知道自己的东西和别人的东西的区别，眼中只有自己的需求。例如，在商店购物，孩子拿到东西就吃、就喝，所以经常遭到他人的责骂。为了杜绝这种现象的发生，家长必须教会自闭症儿童：商店里的吃的、喝的东西都必须用钱买，不可随便乱拿。

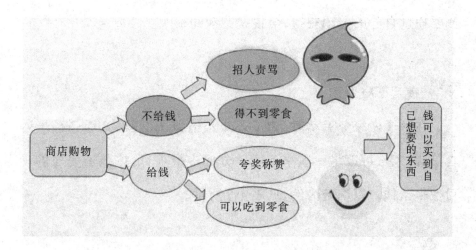

让自闭症儿童理解钱与生活的联系，就要不断地让钱跟他的需要及经历体验紧密关联起来。比如没有带钱，便把孩子带到卖零食的地方让他看，然后找遍全身也没有钱。孩子可能会哭闹，家长不要急，而是应该认真表演着没有钱的失望和无奈，并坚持没有办法。下次带钱出门时买到好吃的，家长还要努力地表演着快乐的满足感，让孩子体会到钱跟他的生活需要的关系。以后出门之前可以先问孩子带钱吗？再以后可以让孩子替妈妈想着出门要带钱并提醒妈妈。这样孩子就逐步理解了钱的含义。

当孩子知道钱可以买到自己喜欢的零食、玩具之后,孩子会乐此不疲地想要到商店购物,家长趁机可以教孩子计算金额,让孩子在生活中利用实物来学习金钱的计算,让孩子形成数字的概念。

(2) 让孩子体会到劳动的乐趣

当自闭症儿童懂得金钱的功能后,可能会出现新的问题——随便拿家人或他人的钱财。此时,家长要进一步引导,让孩子知道金钱要通过自己的劳动获得,金钱是劳动的报酬。

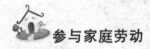
参与家庭劳动

在孩子做家务劳动时,为了逐步塑造孩子的行为,增强孩子的自信心,家长可以将一项家务劳动分成多个项目,按孩子完成的项目数来给钱。以洗碗为例,见表4-5所示。

案例 4-20

表 4-5 洗碗项目强化表

洗碗		
内容(可用卡片表示)	金额	完成情况(完成画√,未完成画×)
把要洗的碗放到水池里	5角	
放水、放洗涤剂	5角	
洗完碗	1元	
把洗干净的碗放到橱柜里	1元	

这样就可以让孩子懂得做家务劳动可以挣钱,挣了钱就可以买到好吃的东西这两件事情的因果关系,培养孩子对金钱的感觉,激发孩子劳动的欲望。倘若只教孩子劳动,而不教孩子劳动的意义和乐趣,则孩子体会不到劳动的充实感。

理解挣钱的意义

自闭症儿童自己挣到钱后,通常会保存得很好,也会因为钱的增多而快乐,但是外出买东西时还是要家长付钱。有家长会认为这是孩子聪明,知道花别人的钱,省下自己的,其实不然,是孩子不知道自己挣到的钱是用来消费的,在他的认知里只有妈妈的钱是用来买东西的。这时候家长要让孩子知道谁的钱,谁说了算。可以在带孩子外出时,遇到孩子想要买东西的时候告诉孩子,妈妈不喜欢这个,不想买,就是不买。然后最好由另一个人,如爸爸教孩子花自己的钱买。这样孩子就能逐步理解每个人挣了钱是为了消费,是为了让自己生活得更好。同时孩子也可以进一步理解所有权与支配权的关系。

当孩子把劳动和钱联系到一起,再把钱与自己的生活联系在一起时,就会更加热爱劳动了,这就为将来参加工作打下了基础。

参与社会劳动

参与社会劳动是为自闭症儿童将来的劳动就业做准备。自闭症儿童参与社会劳动往往存在一定的困难,需要家长调动自身的资源,根据儿童的兴趣,为儿童提供便利的空间。例如,有的自闭症儿童对扫帚有浓厚的兴趣,可以让他到福利院或一些公共场合打扫卫生;有的儿童对画画感兴趣,家长可以组织具有同样兴趣的儿童,让他们组织义卖;有的家庭有条件联系到一些工厂,可以让儿童做一些程序性的工作,例如装箱、组装零配件等。总之,让儿童通过社会劳动获得一定的劳动报酬,并在这个过程中享受到与人交往的乐趣。

坚定信心

不管程度多重的自闭症儿童,通过良好的康复教育都有可能实现不同程度的生活自立。日本的托养机构"榉之乡"接受的是一群中度自闭症人士,这些曾经有着严重问题行为的自闭症孩子,如今能够在"榉之乡"过着集体就业的生活,他们能够制作大型集装箱底托,有的甚至还能从事一些高附加值的电子元器件制作工作。他们在工作和生活中配合默契,劳动所得报酬除了支付自己的生活费之外,还能略有结余。[①] 这让我们看到自闭症儿童病情再重也不是毫无出路。只不过,前进的道路会荆棘重重,家长需要找准方向,持之以恒。

打好基础

要实现自闭症儿童社会生活自立的最高目标,必须有家庭生活

---

① 温洪.中国孤独症服务的现状与思考[EB/OL]. http://www.guduzh.org.cn/tabid/120/EntryID/200/Default.aspx

自理和社会生活自理为基础。家长要清楚地了解自己的孩子的长处和短处,了解孩子未来要从事的职业需要什么样的能力,提前从多个方面为孩子做好劳动就业的准备,对孩子进行整体的生活训练,比如学会洗衣、做饭、搭公交车、看路牌、购物或生病时到医院看病等能力。家长要让孩子独立做事、独立出行,虽然在这个过程中会状况百出,但是也是孩子学习的最好机会,让孩子在对生活的体验中自己修正自己的行为(具体过程见下图)。

培养孩子的优势能力

无论孩子功能高低,都各有长处。家长一定要用心发现孩子的优势能力,并加以培养,只要坚持,孩子总会学会一些技能,这样,将来孩子就能够拥有一技之长,可以谋得一份简单的工作(见案例4-20、4-21)。

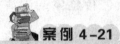
案例 4-21

蔡逸周,美国密歇根大学医学中心教授,一位成年自闭症孩子的父亲,他的孩子不喜欢东西乱摆放,每次带孩子到超市买东西,发现孩子只要看到商品被乱放就一定要将其归位,所以一进超市就当"义工"。看到孩子对这件事这么有兴趣,他就和学校商量是否可训练孩子在超市做事,孩子的训练就从这里开始。现在,蔡先生的孩子在国立图书馆做图书上架归位的工作。①

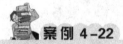
案例 4-22

明石洋子,《与自闭症儿子同行》等书的作者,她的孩子彻之从小对厕所有浓厚的兴趣,是有名的厕所探查狂人,每到一个地方最先干的事情就是考察厕所。明石洋子女士针对孩子对厕所的兴趣,让孩子学会打扫厕所,培养孩子的劳动意识,现在孩子已经是日本的一名公职人员,主要从事与清洁行业有关的工作。

由此可见,家长能正确认识孩子,接受孩子,因势利导很重要。不要把孩子的某一爱好(也可能是偏执的爱好)当成是问题,而应努力在孩子兴趣的基础上探索如何使孩子的兴趣爱好与社会需要联

---

① 蔡逸周. 不要去逼自闭儿童的学业 [EB/OL]. http://blog.sina.com.cn/s/blog_5fb8441d010121xk.html

系在一起,进而培养孩子的劳动技能,帮助孩子走上自立之路。

选择合适的工作

自闭症孩子的病症程度不一样,兴趣爱好千差万别,就职的道路对于每个自闭症孩子来说都不尽相同。如对于语言交流能力不足的自闭症孩子来说,可从事简单的重复性的劳动,这样既发挥了孩子的特长,又避免了孩子在人际交流中遇到难以适应的问题。

可能适合自闭症孩子的工作有哪些特点?

● 较少人际互动

● 平和、安静的工作环境

● 重复性、可预期的工作

● 有充分的时间去考虑问题

● 清晰的书面指示

● 充分利用他们的兴趣

● 在自闭症孩子的专长领域

表 4-6 自闭症孩子可以选择的工作

工作类别	工作地点	工作内容
整理类	图书馆	整理书籍
	档案馆	档案排序
	超市	按类整理货架
	酒店/福利院	整理床铺、折叠衣物
	……	

续表

工作类别	工作地点	工作内容
文字处理类	企业	打字
	出版社	文字校对
	……	
清洁类	小区	打扫清洁
	公司	
	医院	
	……	
组装、包装类	工厂	装箱、计件、零件组装
饮食服务类	蛋糕店	烘焙蛋糕等
	食品店	包装点心
艺术类	场所不限	绘画、弹钢琴等
技术类	企业	系统工程师
		技术工种

社会如何做？

目前，自闭症儿童的外部生存环境依然十分艰难：教育体系不健全，孩子受教育的权利得不到保障；社会救助制度不到位，康复费用高昂，自闭症家庭经济压力大；社会接纳度不够，孩子就业困难……但是，我们也要欣喜地看到，与过去相比，如今自闭症孩子的生存环境已经发生了显著的变化，政府、社会等各种力量开始日益关注自闭症群体。短时间内的这些变化让我们有理由相信，自闭症孩子的将来会越来越好。

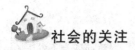 **社会的关注**

每年的世界自闭症日,响应联合国的号召,全世界各地的地标性建筑物都点亮蓝灯,让越来越多的社会团体认识、关注和关心自闭症群体。我国大众传媒对自闭症儿童的关注力度及支持力度也逐渐提高,《海洋天堂》《守望的天空》等感人至深的电影电视剧让更多的人认识了自闭症。慈善组织"壹基金"确立了"海洋天堂计划",设立专门款项帮助自闭症家庭……

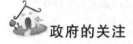 **政府的关注**

由于发病情况的特殊性和严重性,以及自闭症儿童家庭所面对的困境,自闭症儿童相关发展问题已经引起政府的普遍关注,如表4-7所示。2001年,自闭症首次进入全国残疾儿童调查之列。2006年,中国残疾人联合会将自闭症正式纳入精神残疾的类别,其康复训练纳入"十一五"发展纲要,明确提出在各地建立康复训练机构,包括北京、上海、广州、深圳等31个试点城市。2007年,联合国大会通过决议,自2008年起,每年的4月2日被定为"世界自闭症日",以提高人们对自闭症及相关研究和诊断的关注。

表 4-7 我国自闭症工作大事记

《中国残疾人事业"十一五"发展纲要与实施方案(2006—2010)》	2009年8月,中残联、财政部联合下发《关于印发〈阳光家园计划〉的通知》
在31个试点城市开展自闭症儿童康复训练,建立示范性康复设施,培训自闭症儿童筛查、诊断、康复训练专业技术人员。	从2009年至2011年,中央财政每年安排2亿元,共6亿元专项资金,用于补助各地开展就业年龄段智力、精神和重度残疾人托养服务工作。
2009年,中国精神协会自闭症工作委员会成立	自闭症儿童的受教育权利逐渐得到保障
为自闭症儿童家庭上情下达和下情上达建立了快捷的管道,为自闭症人群的"代表、维权、服务"搭建了很好的工作平台。	天津、福州等地率先建立了公立的自闭症学校,原来的一些培智学校也开始招收自闭症儿童或开设自闭症班。
2011年政府出台《残疾儿童康复救助"七彩梦行动计划"》	2013民政部课题《自闭症儿童生存现状与政策建议》
中国残联将在2011年至2015年间,由中央财政安排专项补助资金,支持各地实施残疾儿童康复救助项目。该计划于2012年度在全国各省市全面铺开,为3.6万名0~6岁自闭症儿童康复训练给予补助,救助金额提升至每年人均12000元。	委托北京市展望儿童关爱中心,对全国的自闭症机构、特殊学校、普通学校的教师,以及自闭症孩子的家长进行调查,全面了解自闭症儿童的生存状况,为出台相关政策做准备。

六、成就你的人生

(一)调整人生轨迹,重新定位人生目标

众多自闭症孩子的家长曾经是社会各个领域杰出的人才,有企业家、学者、公务员……他们曾经有自己规划好的人生,但是因为孩子的到来,孩子把家长的人生重新规划了。因此,家长需要在与孩子相处的过程中,重新寻找自己的人生定位和方向。

受中国传统文化的影响,"男主外,女主内"的思想依旧很盛行。对于一位女性来说,成为一个好母亲仍然被视为其应该追求的最高目标。她们因孩子的进步而开心,因孩子的问题而沮丧,生活的重心完全放在孩子身上。

因此,面对孩子的种种问题,很多自闭症孩子的母亲出于母性的本能和现实的环境所迫(社会没有承担起教育自闭症孩子的责任),她们开始转变自己的人生轨迹,重新规划人生,把自己的奋斗目标和孩子的康复紧紧地绑在一起。她们相信每个孩子都能发展出属于自己的一片天空,怀着这样的期待,她们坚定地为孩子无怨无悔地付出,等待孩子的成长。虽然人生轨迹变了,但是在不同的道路上,却也有不同的风景,每一种人生都有其别样的滋味。

(二) 坦然接受苦难,困境中寻找希望

史铁生(残疾人作家,双腿瘫痪,患肾病、尿毒症,靠透析维持生命)曾说:"生活中随时都可能出现倒运的事,没人知道什么时候会碰上什么,同是生活在这个世界上,谁的生活中都难免有艰难,谁心里都难免有苦恼和困惑,甚至可以这样说,艰难、困惑与幸福、快乐一样,本来就是生命本身的一部分,是与生俱来的。所以,对于一切已经到来的苦难,接受就是明智。在与苦难抗争的过程中谁唉声叹气,谁的痛苦就更多些;谁最卖力气,谁就最自由、最骄傲、最多欢乐。"[1]我们不能指望没有困境,可我们能够不让困境扭曲我们的灵魂,面对困境我们始终要相信自己是强者。

众多自闭症孩子的家长也如作家史铁生一样,在困境中不断地调整自己的心态,逐渐学会用冷静、平和的心态面对种种不幸。不仅如此,为了孩子的发展,他们还勇敢地做攻坚克难的开拓者和建设者,用自己的身体为自闭症孩子撞开一条人生路——世人对自闭

---

[1] 史铁生.史铁生自选集[M].海口:海南出版社,2006:272.

症知之甚少,家长便用眼泪和艰辛为孩子铺就康复之路;孩子没有康复训练的去处,家长便自办训练机构;孩子成年后就业得不到解决,家长便创办托养机构……自闭症康复事业因家长的努力而得到蓬勃发展,是家长促进了自闭症孩子的成长,更新了自闭症康复的理念,是家长推进了大众对自闭症的认识,推动了政府对自闭症的关注。在困境中,自闭症家长成就了孩子,成就了自己,也成就了自闭症康复事业,他们是生命的强者!

(三) 平淡中体味幸福,简单中寻求快乐

对于大千世界的芸芸众生而言,我们只不过是一个平凡的人物而已,如小草之于烂漫的春天,小溪之于辽阔的大海,白云之于无垠的蓝天……毕竟,惊世骇俗者寥若晨星。自闭症孩子的家长把时间给了孩子,自己再难以功成名就,孩子因为自身存在的问题,或许也难以光宗耀祖、名扬千里。但是,在平平淡淡的生活里,家长搀扶着孩子一路前行,依然能够体会到孩子成长的喜悦,家人互动的乐趣。很多自闭症孩子的家长回头看养育孩子的旅程,常常忍不住说,多亏有了孩子,我跟着孩子再过了一次童年,陪他玩,学习他的无忧无虑,有他的感觉真好,感谢神赐予我这样特别的孩子。

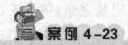 案例 4-23

另一边的风景

看过这样一个假设,朋友相约去旅行,说好了去澳大利亚,可是去机场时你错过了,于是朋友们都去了澳大利亚,而你去了荷兰。你没有看到澳大利亚的白云、蓝天和碧水,遗憾吗?不会,因为你拥有了荷兰的风车和小屋。

看到孩子的状况后,我才明白,原来我们这样普通而平凡的生活并不是每个人都有机会拥有,这世界有几十万甚至几百万人,尽管他们付出最大的努力,甚至最惨痛的代价,也无法获取最平凡的生活。于是我开始知道生活到底是什么概念,它是每一天都会升起的太阳和月亮,是春天的绿芽,秋天的和风,是每一天的清晨醒来孩子的体温,是丈夫工作之余赶做出的饭菜,许多许多……以前总觉得想要的很多,得到的很少,自己的能力有限,又没有好运降临,于是郁闷的情绪总是纠结在心头,总是不能释怀,埋怨与怪罪总是相伴左右。但现在,每次我抬眼间看到一缕阳光、一个微笑总让我感激,让我的心觉得温暖,觉得幸福。还有就是,我学会去把握自己的生活,怨天怨地,或是幻想都不能让我得到想要的生活。更为客观地看待自己,认同并接受自己的平凡,然后仔细想想平凡的我,有哪些梦想是可能实现的?如果是在能力范围之内的,我会毫不犹豫地去做,绝不找借口去逃避。通过这样做我觉得现在每天的生活都是有价值的,都是在为自己、为儿子、为老公而活,痛苦与烦恼,我让它保存在我心底最深的那个角落,它们都在,但不妨碍我依然可以幸福。所有这些都是带儿子后才明白的,所以我得感谢我的宝贝,因为他就是我的荷兰小屋。

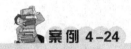 案例 4-24

宝儿,妈妈爱你……

宝儿,妈妈爱你!

因为你曾经是我生命的全部,

你曾经是我的梦想与希望,你曾经是我的太阳。

我宠你、惯你、迁就你,

我无数次问自己,为什么如此爱你?

宝儿,妈妈爱你!

因为爱,

我怨过你、恨过你、气过你、恼过你、烦过你……

我也曾试图改变你。

当你为了得不到想要的东西而发脾气时,

当你为了逃避发生种种怪异行为时,

当你努力了又做不到,无奈地痛哭时,

妈妈真的想帮你,甚至替你,

但是我忍住了,

因为我知道生活原本属于你,

个中的味道需要你自己品尝。

宝儿,妈妈爱你!
因为爱你,我开始改变,
我学习、我坚持、我投入、我变化。
是你,让我一步一步改变了自己
改变了我的语言,我的习惯,我的认知,我的观念。

是你真的让我理解了爱,
是你让我知道了爱你就要爱你的一切,你的家人,你的环境,
是你教会我如何去爱。
是你让我一点点知道,
爱是接纳,爱是包容,爱是帮助与支持。

宝儿,妈妈感谢你!
感谢你让我活出生命的价值,
感谢你让我懂得了真正的爱是活出自己,
感谢你给了我人生最大的快乐——让世界因我而美丽!

——万颖

(四)"小家"变"大家",用爱构建生存平台

在目前的社会保障机制不健全的情况下,家长成为担负自闭症

孩子成长与发展重担的中坚力量,成为自闭症服务事业中屹立不倒的脊梁。面对自闭症康复事业的艰难局面,众多家长携起手来,站在全局和长远的高度,努力做攻坚克难的开拓者和建设者,不仅为自己的孩子,也为更多的孩子能够有尊严地生活而努力!

温洪女士,中国残疾人及亲友协会副主席,中国精协孤独症委员会主任,2008年担任中国精协领导职务以来,虽仍是志愿者的身份,却为孤独症事业提供了"全天候"的服务,她起草的调研报告、方案建议、为各级政府建言献策多达几十万字,为自闭症家长建立了快速反映诉求的通道。

甄岳来女士,对女儿坚持进行了长达二十多年的教育训练,使女儿大学毕业后顺利就业。他们著书《孤独症社会融合教育》《孤独症儿童社会性教育指南》,毫无保留地与大家分享自己的教育理念和经验,并且到全国各地为家长讲座,帮助众多家长找寻到了自闭症孩子康复的金钥匙。

众多自闭症机构的创办人,北京"星星雨"田慧萍女士、青岛"以琳"方静女士、唐山"星知光"万颖女士、江西赣州"慧聪"温嘉吉女士……在积累了丰富的康复经验后,她们创办康复机构,为那些康复无门的自闭症孩子提供训练。

众多家长协会的创办人,"上海自闭症家长互助会"张彩虹女士、"深圳自闭症研究会"廖艳晖女士、"荆门自闭症家长互助会"卞雪松先生等,他们将身边孤立无援的自闭症家长团结起来，为自闭症孩子的权利奔走呼告，为家长学习交流提供平台，也逐渐推动了社会对自闭症群体的关注和关爱。

众多默默无闻的家长，他们尽自己最大的可能去帮助身边那些有着相同遭遇的自闭症家庭，让处于困境中的家长重新鼓起面对困难的勇气……

家长在努力参与的过程中，不仅帮助了自己的"小家"，同时也推进了自闭症康复事业的"大家"一起向前发展。他们成就了孩子、成就了自己，也成就了自闭症康复事业，就如北京星星雨孤独症儿童服务机构的创始人田惠平所说："我们现在理解了，当上帝让我们面对一个孤独症孩子的时候，是选中了我们比其他的人更具有应对挑战的能力。我们是最出色的，因为我们不仅面对一个自闭症孩子，而且还居然敢对一群自闭症的孩子说：我能帮助你。我们有这样的胆量，不仅是因为我们更懂得爱，还因为我们知道在这个世界上有许多优秀的研究者、从业者与我们一同面对这个被称为最具挑战和'谜'一般的群体，我们的可爱的迷人的生活的礼物——自闭症的孩子。知识产生力量，激情加知识我们将创造奇迹；那就是让全社会知道我们的事业是崇高和伟大的！"[①]

---

① 田惠平.让社会知道我们到事业是高和伟大到！[EB/OL]. http://www.guduzh.org.cn/tabid/120/EntryID/200/Default.aspx

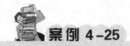
案例 4-25

坦白说如果没有一个自闭症的儿子,我的后半生将在工作与家庭、相夫与教子中度过。那么我的生命在30岁以后就没有了拼搏与奋斗,没有了自己的目标与追求,我可以在有工作保障的前提下享受余生了。没有想到,当老天给了我一个这样的宝贝的时候,骨子里的那份倔强充满了我的身体。正是因为这个宝贝、因为这份倔强让我活出了生命的尊贵与生活的精彩。是宝儿让我理解了:什么是生命?什么是教育?是宝儿让我不断地自省:我为什么活着?我生命的意义在哪里?终于我知道了,我是为我自己在活着,我生命的价值就是还有人需要我,今天是我的宝儿,明天将会是更多的自闭症的儿童。

——万颖女士

 **拓展阅读**

许多家长和特教工作者在长期的康复实践中积累了丰富的经验,下面推荐一些与自闭症儿童康复有关的书籍,希望能对大家有所帮助。

1. 甄岳来.孤独症儿童社会性教育指南[M].北京:中国妇女出版社,2008.

2. 甄岳来,李忠忱.孤独症融合教育[M].北京:中国妇女出版社,2010.

3. 戴淑凤,贾美泰.让孤独症儿童走出孤独[M].北京:中国妇女出版社,2008.

4. 林恩·可恩著.孩子,你并不孤单:教你治疗自闭症的有效方法[M].胡小舟译.台北:高宝国际,2006.

5. 里夫,麦克伊钦著.孤独症儿童行为管理策略及行为治疗课程[M].蔡飞译.北京:华夏出版社,2008.

6. 陈凯鸣.小糖的故事:图片交换沟通系统(PECS)在自闭症、沟通障碍人士中的运用[M].广州:暨南大学出版社,2011.

7. 王梅.孤独症儿童情绪调整与人际交往训练指南[M].北京:中国妇女出版社,2009.

8. 王国光.孤独症儿童的早期融合教育[M].北京:中国妇女出版社,2012.

9. 斯蒂芬·冯·特茨纳,哈拉尔德·马丁森著.走出自闭:发展障碍儿童、青少年和成人的沟通辅助技术[M].五彩鹿儿童行为矫正中心、北京师范大学特殊教育系编译.天津:天津教育出版社,2011.

10. 路易斯著.雷克斯——我的自闭症盲儿和我们的音乐[M].郭辉译.北京:人民文学出版社,2011.

附录 自闭症儿童诊断标准

国际上公认的自闭症诊断标准有美国的 DSM-IV 版本和世界卫生组织的 ICD－10 版本等,在此着重介绍美国的 DSM-IV 诊断标准。

自闭症谱系障碍的诊断标准

A. 在下列(1)、(2)、(3)中,总共要有 6 项符合,其中至少二项属于(1)、一项属于(2)、一项属于(3)。

(1) 在与人交往中出现实质性的障碍,其表现至少要符合下列所述症状中的两项:

a) 运用对视、脸部表情、身体姿势、身体语言等多种在与人交往过程中起调节作用的非语言行为有明显的障碍;

b) 与同伴间的关系未达到该年龄儿童应具有的水平;

c) 不会主动与同伴分享欢乐和兴趣(例如给人看、拿或是用手指自己感兴趣的东西);

d) 缺乏与他人的互动和情感交流。

(2) 在表达意志方面出现实质性的障碍,其表现至少要符合下列所述症状中的一项:

a) 口语发展迟缓或完全丧失能力;不会运用身体语言或模仿等手段来辅助进行意志的表达;

续表

b) 具有一定的语言能力，但在主动与人进行和维持对话方面存在明显障碍； c) 刻板或重复地使用某种语言，或使用某种特殊的语言； d) 缺乏与其发展水平相当的各种角色游戏或具有社会性的模仿游戏的能力。 （3）行为、兴趣及活动模式呈局限性、重复性和刻板性： a) 专注于一种或几种刻板的、有限的兴趣模式，这种专注在强度和注意对象上是不正常的； b) 固执地坚持某些古怪的、无关紧要的动作和行为习惯； c) 刻板的或重复性的动作（例如弹手指或是弯曲手指以及复杂的全身动作）；	d) 专注于物体的某一部分。 **B. 在3岁以前，至少有下列一项功能出现异常或发育迟缓。** （1）与他人互动。 （2）在社会交往中运用语言。 （3）象征性游戏或想象性游戏。 **C. 无法用雷特综合征（Rett's Disorder）或儿童崩解症（Childhood Disintegrative Disorder, CDD）来解释障碍。** 诊断方法：A、B、C三项均符合者，可以诊断为自闭症。如果没有语言功能发育缓慢的相关症状，则属于亚斯伯格症候群。①

（摘自《DSM-IV 精神疾病诊断与统计手册》（医学书院出版））

除了上述诊断标准所描述的行为外，自闭症孩子可能会表现出许多其他的行为，这些行为加重了孩子的临床症状，也增加了养育上的难度。注意力、学习和行为等方面的问题皆包含在内，以下为

---

① 佐佐木正美著.儿童自闭症[M].张晗译.沈阳：万卷出版公司，2009：22.

其中的一些问题：①

自闭症的问题表现

1. 注意力方面的问题 　　（听觉和视觉的）注意力难以集中 　　注意力难以维持 　　注意力难以转移 　　专注于不重要的工作细节上 **2. 认知发展迟缓** 　　特定的学习问题 　　智力障碍 **3. 额外的沟通问题** 　　语言理解和表达迟缓 　　使用有限的手势（肢体语言）或其他形式的非口语沟通方式（如手语）来弥补表达性词语的不足 　　特异或是不寻常的语言（如：孩子用来为物品或事件命名的词语或短句是大众所不熟悉的） 　　重复在其他情境中听到，但在目前的情境中不具沟通价值的词语或短句 　　社会语言的使用有限（如：分享兴趣或是提供、寻求讯息时所使用的语言）	具备足够的词语但无法维持对话 　　难以了解社会沟通的规则（如：与说话者保持合适的距离、轮流传送讯息、开始和结束对话时的礼节，及对话主题范围有所限制） 　　说话的音调使用不当（如：在发问时使用单音调，或在描述时使用疑问的音调） **4. 非典型的学习形态** 　　获得新技能的速度较为缓慢 　　较难维持学到的技能 　　机械式的学习（能使用特定语言记住特定事实，但若换个方式来问问题时，则无法回答出相同的讯息） 　　较难将单一情境下学到的知识（特定人员在特定情境下使用特定教材进行教学）运用到其他情境中（缺乏类化能力） **5. 对同一性的坚持** 　　当时间表或日常作息活动改变（如：

---

① Stephanie B. Lockshin, Jennifer M. Gillis, & Raymond G. Romanczyk. 与泛自闭症儿童一起成长[M]. 台北：心理出版社，2011：2—6.

续表

在换衣服前先吃早餐、上学的路途改变)、物理环境改变(如:改变家具的摆放位置或更换窗帘),以及人际互动改变时,孩子会情绪暴躁或是发脾气。 **6. 自伤行为** 　　撞头 　　摩擦身体(过度摩擦肌肤、眼睛或其他身体部位,直到肌肤可能感到疼痛或产生擦伤的地步) 　　咬自己、抓自己、打自己或捏自己 **7. 自我刺激行为** 　　重复发出怪异的声音 　　不寻常的手部、手指或全身动作(如:弹手指、旋转身体、摇晃身体)	看似无目的或无功能的重复性动作(如:仪式性和强迫性的行为) **8. 缺乏行为调节能力** 　　无法根据情境中的要求来调节行为(不是太过主动,就是过于被动) 　　对于情境或事件有不寻常的情绪反应(不是过度反应,就是毫无反应) 　　发脾气 　　心情突然转变 　　对一般的管教方式难以有所反应 **9. 攻击行为** 　　打人或推人 　　咬人和抓人 　　拿东西往别人身上丢

　　自闭症儿童的个体差异较大,并不是每个个体都兼具所有的症状,但是他们往往具备其中的一项到多项行为特征。

参考文献

[1] 蔡春猪.爸爸爱喜禾：十万个是什么[M].北京：中国华侨出版社，2011.

[2] 丹尼尔·P.哈拉汗，詹姆士·M.考夫曼，佩吉·C.普伦.特殊教育导论[M].肖非等译.北京：中国人民大学出版社，2010.

[3] 丹尼尔·塔米特.星期三是蓝色的[M].欧冶译.沈阳：万卷出版公司，2011.

[4] 古玉娇等.手拉手，我们都是好朋友[M].台北：第一社福基金会，2004.

[5] 雷江华.学前特殊儿童教育[M].武汉：华中师范大学出版社，2008.

[6] [美]理查德·格里格，菲利普·津巴多.心理学与生活[M].王垒，王甦译.北京：人民邮电出版社，2003.

[7] 李晓，尤娜，丁月增等.自闭症儿童干预中社会故事法的应用[J].现代特殊教育，2009(11).

[8] 明石洋子.与自闭症儿子同行1——原汁原味的育儿[M].洪波译.北京：华夏出版社，2012.

[9] 明石洋子.与自闭症儿子同行2——通往自立之路[M].洪波译.北京：华夏出版社，2012.

[10] 史铁生.史铁生自选集[M].海口：海南出版社，2006.

[11] Stephanie B. Lockshin, Jennifer M. Gillis, & Raymond G. Romanczyk.与泛自闭症儿童一起成长[M].台北：心理出版社，2011.

[12] 天宝·格兰丁.我心看世界——天宝解析孤独症谱系障碍[M].燕原译.北京:华夏出版社,2012.

[13] 王乐.中国自闭症儿童现状分析报告发布——三成家庭负债给患儿做训练[N].文汇报,2012-04-03(3).

[14] 王梅.孤独症儿童情绪调整与人际交往训练指南[M].北京:中国妇女出版社,2009.

[15] 香港协康会.自闭症学童融入主流教育全攻略[M].协康会,2008.

[16] 杨晓玲,蔡逸周.解密孤独症[M].北京:华夏出版社,2007.

[17] 尤娜,杨广学.自闭症"地板时光"疗法(Ⅰ):关系与表达训练[J].中国特殊教育,2008(9).

[18] 张稚.自闭症:解答一道"无解"的题[J].中国残疾人,2009(05).

[19] 甄岳来,李忠忱.孤独症社会融合教育[M].北京:中国妇女出版社,2010.

[20] 甄岳来.孤独症儿童社会性教育指南[M].北京:中国妇女出版社,2011.

[21] 佐佐木正美著.儿童自闭症[M].张晗译.沈阳:万卷出版公司,2009.

北京大学出版社
教育出版中心 精品图书

21世纪高校广播电视专业系列教材

书名	作者
电视节目策划教程（第二版）	项仲平
电视导播教程（第二版）	程晋
电视文艺创作教程	王建辉
广播剧创作教程	王国臣
电视导论	李欣
电视纪录片教程	卢炜
电视导演教程	袁立本
电视摄像教程	刘荃
电视节目制作教程	张晓锋
视听语言	宋杰
影视剪辑实务教程	李琳
影视摄制导论	朱怡
新媒体短视频创作教程	姜荣文
电影视听语言——视听元素与场面调度案例分析	李骏
影视照明技术	张兴
影视音乐	陈斌
影视剪辑创作与技巧	张拓
纪录片创作教程	潘志琪
影视拍摄实务	翟臣

21世纪信息传播实验系列教材（徐福荫 黄慕雄 主编）

书名	作者
网络新闻实务	罗昕
多媒体软件设计与开发	张新华
播音与主持艺术（第三版）	黄碧云 睢凌
摄影基础（第二版）	张红 钟日辉 王首农

21世纪数字媒体专业系列教材

书名	作者
视听语言	赵慧英
数字影视剪辑艺术	曾祥民
数字摄像与表现	王以宁
数字摄影基础	王朋娇
数字媒体设计与创意	陈卫东
数字视频创意设计与实现（第二版）	王靖

书名	作者
大学摄影实用教程（第二版）	朱小阳
大学摄影实用教程	朱小阳

21世纪教育技术学精品教材（张景中 主编）

书名	作者
教育技术学导论（第二版）	李芒 金林
远程教育原理与技术	王继新 张屹
教学系统设计理论与实践	杨九民 梁林梅
信息技术教学论	雷体南 叶良明
信息技术与课程整合（第二版）	赵呈领 杨琳 刘清堂
教育技术学研究方法（第三版）	张屹 黄磊

21世纪高校网络与新媒体专业系列教材

书名	作者
文化产业概论	尹章池
网络文化教程	李文明
网络与新媒体评论	杨娟
新媒体概论（第二版）	尹章池
新媒体视听节目制作（第二版）	周建青
融合新闻学导论（第二版）	石长顺
新媒体网页设计与制作（第二版）	惠悲荷
网络新媒体实务	张合斌
突发新闻教程	李军
视听新媒体节目制作	邓秀军
视听评论	何志武
出镜记者案例分析	刘静 邓秀军
视听新媒体导论	郭小平
网络与新媒体广告（第二版）	尚恒志 张合斌
网络与新媒体文学	唐东堰 雷奕
全媒体新闻采访写作教程	李军
网络直播基础	周建青
大数据新闻传媒概论	尹章池

21世纪特殊教育创新教材·理论与基础系列

书名	作者
特殊教育的哲学基础	方俊明
特殊教育的医学基础	张婷
融合教育导论（第二版）	雷江华
特殊教育学（第二版）	雷江华 方俊明

特殊儿童心理学（第二版）	方俊明 雷江华	如何理解自闭谱系障碍和早期干预	苏雪云
特殊教育史	朱宗顺	如何发展自闭谱系障碍儿童的社会交往能力	
特殊教育研究方法（第二版）	杜晓新 宋永宁等		吕 梦 杨广学
特殊教育发展模式	任颂羔	如何发展自闭谱系障碍儿童的自我照料能力	
			倪萍萍 周 波

21世纪特殊教育创新教材·发展与教育系列

视觉障碍儿童的发展与教育	邓 猛	如何在游戏中干预自闭谱系障碍儿童	
			朱 瑞 周念丽
听觉障碍儿童的发展与教育（第二版）	贺荟中	如何发展自闭谱系障碍儿童的感知和运动能力	
智力障碍儿童的发展与教育（第二版）	刘春玲 马红英		韩文娟 徐 芳 王和平
学习困难儿童的发展与教育（第二版）	赵 微	如何发展自闭谱系障碍儿童的认知能力	
自闭症谱系障碍儿童的发展与教育	周念丽		潘前前 杨福义
情绪与行为障碍儿童的发展与教育	李闻戈	自闭症谱系障碍儿童的发展与教育	周念丽
超常儿童的发展与教育（第二版）	苏雪云 张 旭	如何通过音乐干预自闭谱系障碍儿童	张正琴
		如何通过画画干预自闭谱系障碍儿童	张正琴

21世纪特殊教育创新教材·康复与训练系列

如何运用ACC促进自闭谱系障碍儿童的发展

特殊儿童应用行为分析（第二版）	李 芳 李 丹		苏雪云
特殊儿童的游戏治疗	周念丽	孤独症儿童的关键性技能训练法	李 丹
特殊儿童的美术治疗	孙 霞	自闭症儿童家长辅导手册	雷江华
特殊儿童的音乐治疗	胡世红	孤独症儿童课程与教学设计	王 梅
特殊儿童的心理治疗（第三版）	杨广学	融合教育理论反思与本土化探索	邓 猛
特殊教育的辅具与康复	蒋建荣	自闭症谱系障碍儿童家庭支持系统	孙玉梅
特殊儿童的感觉统合训练（第二版）	王和平	自闭症谱系障碍儿童团体社交游戏干预	李 芳
孤独症儿童课程与教学设计	王 梅	孤独症儿童的教育与发展	王 梅 梁松梅

21世纪特殊教育创新教材·融合教育系列

特殊学校教育·康复·职业训练丛书

（黄建行 雷江华 主编）

融合教育本土化实践与发展	邓 猛等		
融合教育理论反思与本土化探索	邓 猛	信息技术在特殊教育中的应用	
融合教育实践指南	邓 猛	智障学生职业教育模式	
融合教育理论指南	邓 猛	特殊教育学校学生康复与训练	
融合教育导论（第二版）	雷江华	特殊教育学校校本课程开发	
学前融合教育（第二版）	雷江华 刘慧丽	特殊教育学校特奥运动项目建设	
小学融合教育概论	雷江华 袁 维		

21世纪学前教育专业规划教材

21世纪特殊教育创新教材（第二辑）

		学前教育概论	李生兰
特殊儿童心理与教育（第二版）		学前教育管理学（第二版）	王 雯
	杨广学 张巧明 王 芳	幼儿园课程新论	李生兰
教育康复学导论	杜晓新 黄昭明	幼儿园歌曲钢琴伴奏教程	果旭伟
特殊儿童病理学	王和平 杨长江	幼儿园舞蹈教学活动设计与指导（第二版）	董 丽
特殊学校教师教育技能	昝 飞 马红英	实用乐理与视唱（第二版）	代 苗

自闭谱系障碍儿童早期干预丛书

		学前儿童美术教育	冯婉贞
如何发展自闭谱系障碍儿童的沟通能力		学前儿童科学教育	洪秀敏
	朱晓晨 苏雪云	学前儿童游戏	范明丽

学前教育研究方法	郑福明
学前教育史	郭法奇
外国学前教育史	郭法奇
学前教育政策与法规	魏 真
学前心理学	涂艳国 蔡 艳
学前教育理论与实践教程	王 维 王维娅 孙 岩
学前儿童数学教育与活动设计	赵振国
学前融合教育（第二版）	雷江华 刘慧丽
幼儿园教育质量评价导论	吴 钢
幼儿园绘本教学活动设计	赵 娟
幼儿学习与教育心理学	张 莉
学前教育管理	虞永平
外学前教育学本文献讲读	姜 勇

大学之道丛书精装版

美国高等教育通史	[美]亚瑟·科恩
知识社会中的大学	[英]杰勒德·德兰迪
大学之用（第五版）	[美]克拉克·克尔
营利性大学的崛起	[美]理查德·鲁克
学术部落与学术领地：知识探索与学科文化	
	[英]托尼·比彻 保罗·特罗勒尔
美国现代大学的崛起	[美]劳伦斯·维赛
教育的终结——大学何以放弃了对人生意义的追求	
	[美]安东尼·T.克龙曼
世界一流大学的管理之道——大学管理研究导论	程 星
后现代大学来临？	
	[英]安东尼·史密斯 弗兰克·韦伯斯特

大学之道丛书

以学生为中心：当代本科教育改革之道	赵炬明
市场化的底限	[美]大卫·科伯
大学的理念	[英]亨利·纽曼
哈佛：谁说了算	[美]理查德·布瑞德利
麻省理工学院如何追求卓越	
	[美]查尔斯·维斯特
大学与市场的悖论	[美]罗杰·盖格
高等教育公司：营利性大学的崛起	
	[美]理查德·鲁克
公司文化中的大学：大学如何应对市场化压力	
	[美]埃里克·古尔德
美国高等教育质量认证与评估	
	[美]美国中部州高等教育委员会

现代大学及其图新	[美]谢尔顿·罗斯布莱特
美国文理学院的兴衰——凯尼恩学院纪实	
	[美]P.F.克鲁格
教育的终结：大学何以放弃了对人生意义的追求	
	[美]安东尼·T.克龙曼
大学的逻辑（第三版）	张维迎
我的科大十年（续集）	孔宪铎
高等教育理念	[英]罗纳德·巴尼特
美国现代大学的崛起	[美]劳伦斯·维赛
美国大学时代的学术自由	[美]沃特·梅兹格
美国高等教育通史	[美]亚瑟·科恩
美国高等教育史	[美]约翰·塞林
哈佛通识教育红皮书	哈佛委员会
高等教育何以为"高"——牛津导师制教学反思	
	[英]大卫·帕尔菲曼
印度理工学院的精英们	[印度]桑迪潘·德布
知识社会中的大学	[英]杰勒德·德兰迪
高等教育的未来：浮言、现实与市场风险	
	[美]弗兰克·纽曼等
后现代大学来临？	[英]安东尼·史密斯等
美国大学之魂	[美]乔治·M.马斯登
大学理念重审：与纽曼对话	
	[美]雅罗斯拉夫·帕利坎
学术部落及其领地——当代学术界生态揭秘（第二版）	
	[英]托尼·比彻 保罗·特罗勒尔
德国古典大学观及其对中国大学的影响（第二版） 陈洪捷
转变中的大学：传统、议题与前景	郭为藩
学术资本主义：政治、政策和创业型大学	
	[美]希拉·斯劳特 拉里·莱斯利
21世纪的大学	[美]詹姆斯·杜德斯达
美国公立大学的未来	
	[美]詹姆斯·杜德斯达 弗瑞斯·沃马克
东西象牙塔	孔宪铎
理性捍卫大学	眭依凡

学术规范与研究方法系列

如何为学术刊物撰稿（第三版）	
	[英]罗薇娜·莫瑞
如何查找文献（第二版）	[英]萨莉·拉姆齐
给研究生的学术建议（第二版）	
	[英]玛丽安·彼得 等

社会科学研究的基本规则（第四版）	[英]朱迪斯·贝尔
做好社会研究的10个关键	[英]马丁·丹斯考姆
如何写好科研项目申请书	[美]安德鲁·弗里德兰德等
教育研究方法（第六版）	[美]梅瑞迪斯·高尔等
高等教育研究：进展与方法	[英]马尔科姆·泰特
如何成为学术论文写作高手	[美]华乐丝
参加国际学术会议必须要做的那些事	[美]华乐丝
如何成为优秀的研究生	[美]布卢姆
结构方程模型及其应用	易丹辉 李静萍
学位论文写作与学术规范（第二版）	李 武 毛远逸 肖东发
生命科学论文写作指南	[加]白青云
法律实证研究方法（第二版）	白建军
传播学定性研究方法（第二版）	李 琨

21世纪高校教师职业发展读本

如何成为卓越的大学教师	[美]肯·贝恩
给大学新教员的建议	[美]罗伯特·博伊斯
如何提高学生学习质量	[英]迈克尔·普洛瑟等
学术界的生存智慧	[美]约翰·达利等
给研究生导师的建议（第2版）	[英]萨拉·德拉蒙特等
高校课程理论——大学教师必修课	黄福涛

21世纪教师教育系列教材·物理教育系列

中学物理教学设计	王 霞
中学物理微格教学教程（第三版）	张军朋 詹伟琴 王 恬
中学物理科学探究学习评价与案例	张军朋 许桂清
物理教学论	邢红军
中学物理教学法	邢红军
中学物理教学评价与案例分析	王建中 孟红娟
中学物理课程与教学论	张军朋 许桂清
物理学习心理学	张军朋
中学物理课程与教学设计	王 霞

21世纪教育科学系列教材·学科学习心理学系列

数学学习心理学（第三版）	孔凡哲
语文学习心理学	董蓓菲

21世纪教师教育系列教材

青少年心理发展与教育	林洪新 郑淑杰
教育心理学（第二版）	李晓东
教育学基础	庞守兴
教育学	余文森 王 晞
教育研究方法	刘淑杰
教育心理学	王晓明
心理学导论	杨凤云
教育心理学概论	连 榕 罗丽芳
课程与教学论	李 允
教师专业发展导论	于胜刚
学校教育概论	李清雁
现代教育评价教程（第二版）	吴 钢
教师礼仪实务	刘 霄
家庭教育新论	闫旭蕾 杨 萍
中学班级管理	张宝书
教育职业道德	刘亭亭
教师心理健康	张怀春
现代教育技术	冯玲玉
青少年发展与教育心理学	张 清
课程与教学论	李 允
课堂与教学艺术（第二版）	孙菊如 陈春荣
教育学原理	靳淑梅 许红花
教育心理学（融媒体版）	徐 凯
高中思想政治课程标准与教材分析	胡田庚 高 鑫

21世纪教师教育系列教材·初等教育系列

小学教育学	田友谊
小学教育学基础	张永明 曾 碧
小学班级管理	张永明 宋彩琴
初等教育课程与教学论	罗祖兵
小学教育研究方法	王红艳
新理念小学数学教学论	刘京莉
新理念小学音乐教学论（第二版）	吴跃跃
中历史跨学科主题学习案例集	杜 芳 陆优君
青少年心理发展与教育	林洪新 郑淑杰
名著导读12讲——初中语文整本书阅读指导手册	文贵良

小学融合教育概论	雷江华 袁 维	新理念数学教学技能训练	王光明

教师资格认定及师范类毕业生上岗考试辅导教材

教育学	余文森 王 晞
教育心理学概论	连 榕 罗丽芳

21世纪教师教育系列教材·学科教育心理学系列

语文教育心理学	董蓓菲
生物教育心理学	胡继飞

21世纪教师教育系列教材·学科教学论系列

新理念化学教学论（第二版）	王后雄
新理念科学教学论（第二版）	崔 鸿 张海珠
新理念生物教学论（第二版）	崔 鸿 郑晓慧
新理念地理教学论（第三版）	李家清
新理念历史教学论（第二版）	杜 芳
新理念思想政治（品德）教学论（第三版）	胡田庚
新理念信息技术教学论（第二版）	吴军其
新理念数学教学论	冯 虹
新理念小学音乐教学论（第二版）	吴跃跃

21世纪教师教育系列教材·语文教育系列

语文文本解读实用教程	荣维东
语文课程教师专业技能训练	张学凯 刘丽丽
语文课程与教学发展简史	武玉鹏 王从华 黄修志
语文课程学与教的心理学基础	韩雪屏 王朝霞
语文课程名师名课案例分析	武玉鹏 郭治锋等
语用性质的语文课程与教学论	王元华
语文课堂教学技能训练教程（第二版）	周小蓬
中外母语教学策略	周小蓬
中学各类作文评价指引	周小蓬
中学语文名篇新讲	杨朴 杨旸
语文教师职业技能训练教程	韩世姣

21世纪教师教育系列教材·学科教学技能训练系列

新理念生物教学技能训练（第二版）	崔 鸿
新理念思想政治（品德）教学技能训练（第三版）	胡田庚 赵海山
新理念地理教学技能训练（第二版）	李家清
新理念化学教学技能训练（第二版）	王后雄

王后雄教师教育系列教材

教育考试的理论与方法	王后雄
化学教育测量与评价	王后雄
中学化学实验教学研究	王后雄
新理念化学教学诊断学	王后雄

西方心理学名著译丛

儿童的人格形成及其培养	［奥地利］阿德勒
活出生命的意义	［奥地利］阿德勒
生活的科学	［奥地利］阿德勒
理解人生	［奥地利］阿德勒
荣格心理学七讲	［美］卡尔文·霍尔
系统心理学：绪论	［美］爱德华·铁钦纳
社会心理学导论	［美］威廉·麦独孤
思维与语言	［俄］列夫·维果茨基
人类的学习	［美］爱德华·桑代克
基础与应用心理学	［德］雨果·闵斯特伯格
记忆	［德］赫尔曼·艾宾浩斯
实验心理学（上下册）	［美］伍德沃斯 施洛斯贝格
格式塔心理学原理	［美］库尔特·考夫卡

21世纪教师教育系列教材·专业养成系列（赵国栋主编）

微课与慕课设计初级教程	
微课与慕课设计高级教程	
微课、翻转课堂和慕课设计实操教程	
网络调查研究方法概论（第二版）	
PPT云课堂教学法	
快课教学法	

其他

三笔字楷书书法教程（第二版）	刘慧龙
植物科学绘画——从入门到精通	孙英宝
艺术批评原理与写作（第二版）	王洪义
学习科学导论	尚俊杰
艺术素养通识课	王洪义